온라인 친구와 아리스토텔레스의 친구 사랑의 철학

전재원_경북대학교 인문대학 철학과 강의교수

경북 안동 출생으로(1957) 대구에서 산격초등, 경일중, 대건고를 거쳐 경북대학교 철학과를 졸업하고(1981), 경북대학교 대학원 철학과에서 서양철학을 전공하여 석사학위(1983)와 철학박사학위(1993)를 받았다. 43편의 논문과 3권의 저서 및 3권의 역서가 있다.

경북대학교 인문교양총서 58
온라인 친구와 아리스토텔레스의 친구 사랑의 철학

초판 1쇄 인쇄	2023년 8월 21일
초판 1쇄 발행	2023년 8월 30일

지은이	전재원
기 획	경북대학교 인문대학
펴낸이	이대현
편 집	이태곤 권분옥 임애정 강윤경
디자인	안혜진 최선주 이경진
마케팅	박태훈

펴낸곳	도서출판 역락
출판등록	1999년 4월 19일 제303-2002-000014호
주소	서울시 서초구 동광로 46길 6-6 문창빌딩 2층 (우06589)
전화	02-3409-2060
팩스	02-3409-2059
홈페이지	www.youkrackbooks.com
이메일	youkrack@hanmail.net

ISBN 979-11-6742-582-9 04100
     978-89-5556-896-7(세트)

*정가는 뒤표지에 있습니다.
*잘못된 책은 바꿔 드립니다.

이 책은 정부재정(지원)사업(국립대학육성사업)으로 한국연구재단의 지원을 받아 경북대학교 인문대학에서 제작되었습니다.

온라인 친구와 아리스토텔레스의 친구 사랑의 철학

전재원 지음

경북대학교 인문교양총서

058

역락

고대 그리스 철학자들은 사랑의 중요한 유형을 세 가지로 구별하고 있다. 그리스어 아가페와 에로스와 필리아이다. 아가페는 원래 신만이 할 수 있는 사랑 혹은 인간을 향한 신의 사랑이었으나, 로마시대에 라틴어 카리타스로 번역되면서 기독교를 통하여 신이 우리 인간에게 하는 사랑, 신에 대한 우리 인간의 사랑, 더 나아가 인류 일반에 대한 우리의 사랑을 모두 의미하기에 이르렀다. 아가페는 사랑의 대상이 이미 가지고 있는 가치에 응답하는 사랑이 아니라, 사랑받는 것 안에서 가치를 창출하는 사랑이다.

아가페와는 대조적으로 에로스와 필리아는 사랑받는 것이 지니는 속성, 특히 좋음이나 아름다움이라는 속성에 응답하는 사랑이다. 에로스는 대상을 향한 열정적 욕망이며 전형적인 예는 성적 욕망이다. 필리아는 친구에 대한 사랑뿐만 아니라 가족, 업무 파트너, 넓게는 자신의 조국에 대한 애정 어린 관심과 충성 및 우호적인 감정을 의미했다. 친구의 범위야 어떠하든 필리아는 친구 사이의 사랑과 관련된다는 것을 알 수 있다.

5세기 이후 필리아가 기독교의 카리타스 개념에 흡수되면서 필리아의 의미가 크게 위축되었지만, 한때는 역사적으로 가장 예리하고 영향력 있던 인물들이 다루었던 무거운 주제가 바로 필리아였다. 예를 들어 아리스토텔레스, 키케로, 토마스 아퀴나스는 더 즐겁게 살기 위해, 때로는 이익을 위해, 더 나아가 무엇보다 중요한 것은 혼(魂)을 보살피기 위해 어떻게 하면 친구를 얻을 수 있는가에 대하여 깊이 숙고했다. 이들 철학자에 의하면 신의(信義)와 유사한 도덕적 마음가짐이 가장 지속적이고 만족스러운 친구를 낳을 수 있다.

이 책은 아리스토텔레스의 '친구 사랑'(필리아)의 철학을 소개하면서 온라인 친구를 윤리학적으로 진단하는 글이다. 아리스토텔레스의 친구 개념에 비추어 온라인 친구를 진단하는 필자의 응용작업에 몇 가지 이의가 제기될 수도 있다. 첫째, 아리스토텔레스는 '친구 사랑'이라는 용어를 다양한 방식으로 사용했으므로 아리스토텔레스의 용법은 친구 사랑이라는 용어의 현대적 의미와 일치하지 않는다. 오늘날의 기준으로 보면 아리스토텔레스가 말하는 '완전한'(그리스어 텔레이오스) 친구 사랑, 즉 친구의 존재 목적에 가장 잘 부합하는 사랑은 지나치게 엘리트주의적이고 이상적인 사랑이다. 둘째, 친구 사랑에 대한 아리스토텔레스의 공동체주의적 관점은 현대 자유민주주의의 개인주의적 경향과 불안하게 동거한다. 현대사회에서는 시민의 유대가 상호 간의 호의(好意)와 공동목적에 의해서 유지되지 않고 주로 의무와 사익을 통해서 유지되기 때문이다. 마지막으로 '훌륭한 삶'이나 '인간의 행복'이라는 개념을 어떤 방식으로 정초하든 소셜 미디어 및 그 밖의 다른 기술들이 문화를 변화시키는 힘 때문에 아리스토텔레스의 친구 사랑 이론은 불안정하게 된다.

물론 아리스토텔레스 윤리학의 세부 사항들이 아리스토텔레스가 살았던 시대와 장소에 잘 들어맞는 수많은 우연적 상황에 기초해 있는 것은 사실이다. 하지만 아리스토텔레스 윤리학의 핵심과 응용 가능성은 우연적인 일들에 의존하는 것이 아니라 사회적 생명 존재로서의 인간의 본성 즉 사회성에 기초하고 있다는 점을 인식한다면, 응용작업에 대한 우려는 크게 경감될 것으로 확신한다. 사회적 생명 존재로서의 인간은 주어진 사회의 역사적, 문화적 형식이 무엇이든 사회적 맥락에 적절하게 반응하고 사회적 맥락 안에서 행복하게 살기 위해서 도덕적 품성을 연마할 필요가 있다. 친구 사랑도 그러한 도덕적 품성 중의 하나이다.

　언어 관습상 우정이나 우애나 우의(友誼)는 '친구를 위하는 배타적인 감정'이나 '친구와의 친밀함'이나 '친구의 사생활 보호' 등을 의미한다. 영어권 나라에서는 필리아를 프렌드십으로 번역한다. 서로 배려하고 친밀하게 지내고 활동을 공유하는 것이 프렌드십이다. 하지만 우정이나 우애나 우의나 프렌드십과 같은 말들이 아리스토텔레스가 천착한 그리스어 필리아의 철학적 의미를 온전하게 담아낼 수 없기에 필리아를 우리말로 번역하는 일은 불가능하다. 필자는 편의상 필리아의 번역어로서 친구 사랑이라는 말을 사용하고 있지만, 친구 사랑이라는 말도 언어적 차원에서는 우정, 우애, 우의라는 말과 별 차이가 없다.

　아리스토텔레스는 언어적 차원을 넘어 필리아를 철학적 개념으로 승격하고 있다. 아리스토텔레스에 의하면 엄밀한 의미에서 필리아는 수동적인 감정이 아니라 친구의 덕의 아름다움을 사랑하고 존경할 수 있는 도덕적 능력이요, 이 능력을 배양하는 것이 사회적 존재로서의 인간의 본성을 실현하는 길이다.

인간의 삶에서 친구가 차지하는 비중은 매우 크다. 그런데 오늘날 대부분의 사람은 온라인에서 친구를 사귀고 있다. 가상공간에서의 친구 사랑은 아리스토텔레스가 '낮은 형식의 사회적 교류' 혹은 '가치가 적은 사회적 교류'라고 묘사했던 친구 사랑이다.

아무쪼록 이 책을 통해 친구를 사랑한다는 말에 대한 상식적 이해를 넘어 친구 사랑의 진정한 의미를 철학적으로 이해할 수 있기를 희망한다.

서양 문화에서 가장 널리 알려진 사랑의 4가지 유형
가족 사이의 사랑 (자연적 사랑)
연인 사이의 사랑 (낭만적 사랑)
친구 사이의 사랑 (사회적 사랑)
신과 인간 사이의 사랑 (종교적 사랑)

에로스	필리아	아가페 = 카리타스(라틴어)
정열적 사랑	호혜적 사랑	보편적 사랑, 헌신적 사랑
상향적 사랑	수평적 사랑	하향적 사랑
자신보다 가치 있는 대상을 지향함	자신과 비슷한 대상을 지향함	자신보다 가치 없는 대상을 지향함
사랑의 대상이 지니는 아름다움(미적 가치)에 응답하는 사랑	사랑의 대상이 지니는 유덕함(윤리적 가치)에 응답하는 사랑	사랑의 대상 안에서 가치를 창출하는 사랑

목차

제8장 아리스토텔레스의 친구 사랑 개념 요약

부록

약식 표기

NE = 니코마코스 윤리학
EE = 에우데모스 윤리학
1.1 = 제1권 제1장

친구 사랑의 세 형식

친구가 잘되기를 바라는 사람이 최고의 친구이다.
—아리스토텔레스

친구 사랑의 종류와 친구의 종류를 구분하기 전에 아리스토텔레스는 친구 사랑의 일반적 특징 몇 가지를 발견한다. 그중에서 가장 중요한 것은 '호의'(好意, 그리스어 에우노이아)이다. 아리스토텔레스에게 있어서 호의는 인간의 사회생활의 윤리적 토대를 형성하는 매우 중요한 개념이다. 아리스토텔레스는 상대편에게는 똑같은 마음이 생기지 않더라도 상대편을 좋게 생각하는 마음이 곧 호의라고 하면서 호의에 관하여 다음과 같이 말하고 있다.

사람들이 서로 친구여야 한다면, 그들은 서로에게 호의를 품고 있어야 하며 서로의 선을 바라고 서로에 관한 호의를 인식해야 한다. (NE 8.2)

여기에서 중요한 것은 서로에 관한 호의의 '인식'이다. 단순히 칭찬하는 사람이나 무생물과의 관계에서는 호의의 상호 인식이 없으므로 친구 사랑도 있을 수 없다.

포도주에 좋은 일이 있기를 바라는 것은 아마도 우스운 일일 것이다. 만약 그렇게 바란다면, 그것은 포도주가 잘 보존되어 나중에 질 좋은 포도주를 갖게 되길 바라는 것일 뿐이다. (NE 8.2)

친구 사랑의 문제가 윤리적 문제인 이유가 바로 여기에 있다. 단순히 칭찬하는 사람들에 대해서나 무생물에 대해서 가지는 관계와는 달리, 친구와의 관계에서 우리는 마땅히 친구를 위해서 그리고 자기 자신을 위해서 친구에게 좋은 일이 있기를 바라야 한다.

친구 사랑에는 호의 이상의 그 무엇이 있음을 발견한 아리스토텔레스는 사랑의 대상을 기준으로 친구 사랑이라는 유개념을 3개의 종개념으로 구분한다. 사랑의 대상은 '도덕적으로 가치 있는 것'일 수도 있고 '즐거운 것'일 수도 있고 '유익한 것'일 수도 있다.

따라서 친구 사랑에는 선(도덕적 가치)을 '사랑하는' 사람들 간의 친구 사랑과 즐거움을 '추구하는' 사람들 간의 친구 사랑과 유익한 것을 '욕망하는' 사람들 간의 친구 사랑이 있게 된다. 이 중에서 아리스토텔레스의 주요 관심사는 도덕적 가치를 사랑하는 사람들 간의 친구 사랑, 즉 선을 사랑하는 사람들 간의 친구 사랑에 있다. 아리스토텔레스는 선을 사랑하는 사람들 간의 친구 사랑에서 파트너를 강조한다. 특히 파트너의 '도덕적 가치' 혹은 파트너의 '탁월한 품성'(덕)을 강조한다. 이것은 진정한 친구 사랑의 토대가 도덕적 가치에 대한 상호적 사랑에 있음을 의미한다.

세 종류의 친구 사랑은 품성이 탁월한 친구 사이의 사랑, 서로에게 즐거움을 주는 친구 사이의 사랑, 서로에게 유익한 친구 사이의 사랑으로 표현될 수도 있다. 정점에는 품성이 탁월한 친구 사이의 사랑이 있고, 그다음에는 즐거움을 주는 친구 사이의 사랑이 있으며, 맨 아래쪽에는 서로에게 유익한 친구 사이의 사랑이 있게 된다.

아리스토텔레스는 품성이 탁월한 친구 사이의 사랑을 도덕적 가치인 선을 사랑하는 사람들 사이의 친구 사랑, 완전한 친구 사랑 등으로 표현하기도 한다. 모두 같은 것을 지칭하는 표현이다. 흔히 '완전한'이라고 새겨지는 그리스어 형용사 '텔레이오스'에는 '목적(그리스어 명사 텔로스)에 가장 잘 부합하는'이라는 의미가 함의되어 있다. 그래서 필자는 '완전한'이라는 말 대신 '친구의 존재 목적에 가장 잘 부합하는'이라는 표현을 즐겨 사용하고자 한다.

친구의 존재 목적은 사회적 존재로서의 인간을 잘살게 하는 것이다. 이 목적을 가장 잘 성취하게 하는 것이 바로 품성이 탁월한 친구 사이의 사랑이다. 아리스토텔레스에 의하면 품성이 탁월한 친구 사이의 사랑은 하나의 인격체로서의 친구의 자아 혹은 덕의 소유자로서의 친구의 자아와 직접적으로 대면하는 사랑이기 때문에 완전한 사랑이지만 서로에게 즐거움을 주는 친구 사이의 사랑과 서로에게 유익한 친구 사이의 사랑은 친구의 자아와 직접 대면하지 않으므로 우연적이고 불완전한 사랑이다. 유익함이나 즐거움에 기반을 두고 있는 친구 사랑은 친구가 유익함이나 즐거움을 제공하는 한에서만 생기는 우연적인 사랑이며, 유익함이나 즐거움에는 정도의 차이가 있으므로 불완전한 사랑이다. 이하의 논의에서 나오는 '진정한 친구 사랑'과 '참된 친구 사랑'이라는 표현은 아리스토텔레스가 사용하고 있는 완전한 친구 사랑을 필자가 현대적인 의미로 새긴 것임을 밝혀 둔다.

1. 유익함을 욕망하는 사람들 사이의 친구 사랑

아리스토텔레스에 의하면 대다수의 친구 사랑은 유익함에 기반을 두고 있다. 유익함에 기반을 두는 친구 사랑은 사적인 이익에 근거하는 사랑이며, 사회에서의 대다수의 인간관계(가령 동료관계나 교제 관계)에서 행해지는 사랑이다. 아리스토텔레스는 동업자 간의 사랑이나 정치적 동지 간의 사랑을 그 예로 든다. 유익함에 기반을 둔 사랑을 통하여 친구들은 서로의 개인적 욕망이나 사적인 이익을 만족시킨다. 그러므로 유익함에 기반을 두는 친구 사랑에서 사랑의 추동력은 예상되는 이익에 있다. 다시 말해서 유익함의 친구 사랑에서는 사랑 그 자체가 목적이 아니라, 사랑은 오로지 이익을 얻기 위한 도구적 수단일 뿐이다.

유익함 때문에 친구인 사람들은 이익이 제거되는 순간 친구 관계를 해체하고 만다. 그들은 결코 서로의 친구가 아니라, 그들의 관계를 유지해 주는 것의 친구였기 때문이다. (NE 8.4)

유익함의 친구 사랑에 있어서 중요한 것은 예상된 이익이고, 친구는 부차적인 것이 되고 만다. 이런 이유에서 유익함의 친구는 탁월한 품성의 친구나 즐거움의 친구보다 열등하다.

2. 즐거움을 추구하는 사람들 사이의 친구 사랑

다음으로 아리스토텔레스는 즐거움의 친구 사랑에 대하여 자세하게 논의한다. 에로스적인 감정에 기반하는 친구 사랑이 즐거움을 위한 친구 사랑의 예이다. 만족감을 기대하는 개인을 특징으로 하는 쾌락 친구는 즐거움에 민감한 젊은이들에게서 가장 빈번하게 발견된다.

젊은이들의 친구 사랑은 즐거움을 이유로 성립하는 듯하다. 젊은이들은 감정에 따라 살며 주로 자기의 즐거움을 추구하고, 또 즉각적인 즐거움을 추구하기 때문이다. (NE 8.3)

아리스토텔레스는 즐거움을 위한 친구 사랑의 본성이 자기중심적임을 지적한다. 왜냐하면 젊은이들은 각자 자신에게 즐거운

것을 추구하기 때문이다. 아리스토텔레스는 즐거움의 친구 사랑
은 본래부터 그 수명이 짧다고 생각한다. 아리스토텔레스는 즐거
움을 사랑하는 것의 이점에 대해서 논의한 후 이렇게 말하고 있다.

젊은이들이 성장함에 따라 그들 자신에게 즐거움을 주는
것 역시 변화한다. 따라서 젊은이들은 쉽게 친구가 되고 쉽게
헤어진다. 젊은이들의 친구 사랑은 즐거움에 따라 바뀌는데, 그
러한 즐거움은 빠르게 변화하기 때문이다. (NE 8.3)

결과적으로 즐거움의 친구 사랑은 불안정하다. 즐거움의 친구
사랑은 수시로 변하는 욕망에 종속하고 삶의 각 시점에서 우리가
즐거워하는 것에 종속하기 때문이다. 즐거움은 사랑할 가치가 있
지만 즐거움이 친구 사랑을 굳건하게 받쳐주는 것은 아니다.

다른 한편으로 아리스토텔레스는 즐거움(그리스어 헤도네)을 친
구 사랑의 정당한 하나의 요소로서 인정하고 있다. 즐거움은 회피
되어야 할 대상이 아니라 훌륭한 삶의 일부로서 인정해야 한다는
것이 즐거움에 대한 아리스토텔레스의 견해이다. 사랑하고 사랑
받는 것은 즐거운 일이다. 따라서 모든 유형의 친구 사랑에는 즐
거움의 차원이 포함되어 있다. 친구 사랑에서 유래하는 즐거움은
부산물이 아니라 참된 유대관계가 존재한다는 것을 암시한다. 아
리스토텔레스는 다음과 같이 관찰하면서 친구 사랑의 즐거움을
인정한다.

나이 많은 사람들이나 참을성이 없고 성질이 조급한 사람들은 쉽게 친구가 될 수 있을 것 같지 않다. 그들은 서로에게 그렇게 많은 즐거움을 주지는 않기 때문이다. 누구도 자신을 괴롭히거나 즐겁게 하지 않는 사람과 함께 시간을 보낼 수는 없다. 무엇보다 고통스러운 것을 피하고 즐거운 것을 목표로 삼는 것이 인간의 본성이기 때문이다. (NE 8.5)

이처럼 아리스토텔레스는 즐겁게 해주는 것을 향하는 인간의 본성적 경향성에 주목하면서 친구 사랑 안에 즐거움을 위한 공간을 마련하고 있다. 즐거움은 유익함 이상으로 친구 사랑에서 필수불가결하다.

하지만 즐거움의 친구 사랑은 극단으로 흐를 가능성이 농후하다. 직접적 쾌락을 목표로 삼는 즐거움의 친구 사랑은 종종 잘못된 방향으로 발전하기 때문이다. 잘못된 방향이란 친구 안에 있는 선함에서 벗어나서 쾌락을 추구하는 방향으로 나아감을 의미한다. 수시로 변하는 욕망을 충족시키는 데서 즐거움을 발견하는 사람은 쾌락의 대상을 적절하게 평가하는 데 필요한 시간을 할애하지 않을 뿐만 아니라 신중하게 쾌락을 선택하지도 않는다. 즐거움의 친구 사랑의 과도하고 불안정한 본성 이상으로 아리스토텔레스가 비판하고 있는 것은 즐거움을 기반으로 사랑하고 있는 개별적 친구 그 자체이다. 즐거움을 추구하는 친구들은 각자 자신을 위해서만 즐거움을 추구한다. 그래서 아리스토텔레스는 즐거움을 추구하는 친구들을 신뢰하지 않는다.

3. 도덕적 가치를 사랑하는 사람들 사이의 친구 사랑

마지막으로 도덕적 가치(선)를 사랑하는 사람들 간의 친구 사
랑에 대하여 아리스토텔레스는 다음과 같이 말하고 있다.

> 품성이 탁월한 친구 사이의 사랑은 서로가 사랑할 적에 서
> 로에게 좋은 일이 있기를 바라는 사람들 사이의 사랑이다. (NE
> 8.3)

품성이 탁월한 친구 사이의 사랑에서 아리스토텔레스가 강조
하고 있는 것은 사랑의 주체가 아니라 사랑의 대상인 친구의 선
함(도덕적 가치) 혹은 '탁월한 품성'(그리스어 아레테)이다. 품성이 탁
월한 친구 사이의 사랑에서 사랑의 주체로서의 친구들 각자는 탁
월한 품성을 지닌 개인들이기 때문에 상대방의 관점에서 올바른
양의 즐거움을 발견할 수 있다. 품성이 탁월한 친구 사이의 사랑
에서는 탁월한 품성을 지닌 한 사람이 다른 사람의 탁월한 품성
을 칭찬한다. 따라서 각 친구의 행위는 다른 사람 안에 있는 탁월
한 품성에 대한 사랑을 반영한다. 마찬가지로 이러한 친구 사랑의
토대 혹은 그들을 함께 할 수 있도록 하는 접착제는 각 친구가 행

위를 통해서 드러내는 도덕적 가치, 즉 선에 대한 상호적 사랑이다.

이하의 논의에서 세 형식의 친구 사랑은 맥락에 따라 약간 다른 방식으로 반복해서 설명될 것임을 미리 밝혀 둔다.

유익한 것을 욕망하는 사람들 사이의 친구 사랑
대다수의 인간관계(가령 동료관계나 교제 관계)에서 행해지는 사랑임
사랑의 추동력은 예상되는 이익에 있음
이익이 제거되는 순간 친구 관계는 해체됨

즐거움을 추구하는 사람들 사이의 친구 사랑
오늘날 친구 사랑이 의미하는 것 대부분을 포함함
각자 자신에게 즐거운 것을 추구하므로 자기중심적인 사랑임
종종 감각적 쾌락을 추구하는 방향으로 발전함

도덕적 가치(선)를 사랑하는 사람들 사이의 친구 사랑
서로에게 좋은 일이 있기를 바라는 사람들 사이의 사랑임
탁월한 품성을 지닌 사람이 다른 사람의 탁월한 품성을 칭찬하고 존중함
사랑의 토대 혹은 그들을 함께 할 수 있도록 하는 접착제는 각 친구가 행위를 통해서 드러내는 도덕적 가치(선)에 대한 상호적 사랑임

제2장

친구의 세 수준

다른 좋은 것을 다 가졌다 하더라도
친구 없는 삶은 그 누구도 선택하지 않을 것이다.
—아리스토텔레스

　　아리스토텔레스는 오늘날 '덕 윤리'라고 명명되는 윤리설을
정초한 사람 중의 한 명이다. 덕 윤리에 의하면, 우리의 행동은 단
지 도덕 그림의 일부일 뿐이며 행동과 마찬가지로 중요한 것이
바로 우리의 행동을 초래한 품성(그리스어 헥시스)이다. 이때 품성
은 지속적인 마음 상태를 의미한다. 가령 오로지 들킬까 봐 두려
워서 거짓말을 삼가는 사람은 정직한 품성을 지닌 사람보다는 덕
(그리스어 아레테)이 떨어진다고 볼 수 있다. 이때 덕이란 도덕적 품
성 혹은 탁월한 품성을 의미한다. 정직한 품성을 지닌 사람은 들
킬 가능성이 거의 없는 상황(가령 인터넷의 익명성이 제공하는 상황)을
포함하는 거의 모든 상황에서 도덕적으로 행동할 가능성이 크다.

　　아리스토텔레스의 덕 목록에는 용기, 관대함, 정직함과 같이
오늘날에도 여전히 가치가 있는 많은 탁월한 품성이 포함되어 있
다. 하지만 이 특정한 덕보다 더 중요한 것은 '다른 사람의 탁월한
품성을 칭찬하고 사랑할 줄 아는 능력'이다. 이 능력은 또 다른 하
나의 덕(도덕적 품성 혹은 탁월한 품성)이다. 그러한 능력을 배양하는
하나의 방법이 친구를 사랑하는 것이다. 친구는 우리의 습관에 영

향을 미치고, 따라서 우리의 품성(탁월한 품성 혹은 탁월하지 않은 품성)에 영향을 미치기 때문이다.

아리스토텔레스에 의하면 친구를 사랑할 수 있다는 것은 그 자체가 하나의 도덕적 품성이거나 도덕적 품성을 수반하는 것이며, 친구를 사랑하는 일은 삶에서 가장 필요한 것이다. 아리스토텔레스의 말대로 다른 모든 좋은 것을 다 가졌다 하더라도 친구가 없는 삶은 그 누구도 선택하지 않을 것이기 때문이다. 분명히 인간은 친구 없이도 살 수 있다. 하지만 삶 안에 친구 사랑이 없는 한, 우리는 훌륭한 삶을 살 수 없다. 좋은 친구가 있는 사람들이 좋은 친구가 없는 사람들보다 더 나은 삶을 사는 경향이 있음은 명백한 경험적 사실이다.

친구가 있다는 것은 우리가 더 안전하게 살 수 있음을 의미한다. 그리고 친구는 우리의 목표를 실현하도록 돕는다. 하지만 모든 친구가 반드시 좋은 것은 아니다. 우리를 고양하고 지지하는 친구와 우리를 타락하게 하고 망치는 친구가 있다는 의미에서 좋은 친구와 나쁜 친구가 있기 때문이다. 가령 어떤 젊은이가 친구들 때문에 깡패 조직에 가입하게 된다면 그리고 그 조직이 그 젊은이를 도둑이나 살인자로 이끈다면, 그 젊은이의 친구는 나쁜 친구임이 분명하다. 아리스토텔레스도 적어도 간접적으로는 이 점을 알고 있었다. 다만 아리스토텔레스는 친구를 사랑할 수 있는 능력이 도덕적인 삶의 중요한 부분이라는 자신의 주장을 뒷받침하기 위해 좋은 친구에 초점을 맞추어 친구 사랑에 관한 논의를

온라인 친구와 아리스토텔레스의 친구 사랑의 철학

전개하고 있을 뿐이다. 친구는 우리가 어떤 유형의 사람이 될지에 영향을 미친다. 덕이 있는 사람들과 친구가 된다면, 그들은 아마도 우리에게 더 나은 인간이 되도록 추동하면서 긍정적인 방향으로 영향을 줄 것이다. 만약 우리의 친구들이 악을 행한다면, 우리 자신의 인격도 부패할 위험이 있다. 따라서 우리는 친구와 함께 덕을 함양하기 위해 노력해야 한다.

경험론자로서 아리스토텔레스는 대부분의 친구 사랑이 친구의 존재 목적에 가장 잘 부합하는 사랑이라는 이상(理想)에 미치지 못한다는 사실을 부인할 수 없었을 것이다. 그래서 아리스토텔레스는 세 수준의 친구 관계를 설정한다.

1. 유익 친구

첫 번째 친구 관계는 유익함에 기반한 관계이다. 이 수준의 친구 관계는 두 사람이 서로에게서 어떤 '이익'을 얻을 수 있으므로 친구가 된다는 것을 의미한다. 비즈니스 관계가 이 범주에 속한다. 두 사람이 서로 이득을 보려고 하기 때문이다. 오늘날의 관점에서 보면 비즈니스 관계는 친구 관계가 아니라 하나의 제휴 관계라고 생각할 수도 있다. 하지만 긴 시간 동안 각자에게 이익이 유지되는 한, 호혜적인 유익함을 기반으로 제휴 관계로부터 매우 가까운 친구 관계가 형성될 수도 있다.

2. 쾌락 친구

우리가 일상적으로 사용하는 '친구'라는 말은 아리스토텔레스의 두 번째 범주에 있다. 두 번째 범주의 친구 관계는 사람들이 '즐거움'을 위해 서로 좋아하는 관계이다. 이 경우 서로 가까이 있을 때 잘살고 있다는 느낌은 두 사람 모두에 의해 경험된다. 단순히 서로의 동행을 즐기는 사람들의 친구 관계, 즉 동반자로서의 친구 관계에 있는 사람들은 친구의 이 범주에 들어가며, 이 범주의 친구는 오늘날 친구가 의미하는 것 대부분을 포함한다. 관심을 공유하고 있는 사람들은 종종 그 관심을 통해 결합한다. 예를 들어 스포츠팀의 팬들은 열정을 공유함으로써 친구가 될지도 모른다. 이 수준의 친구 관계는 또한 가족과 배우자 간의 유대관계도 포함한다. 또한 아리스토텔레스가 살던 시대에는 대부분의 결혼이 즐거움보다는 유익함에 기반했다. 정략결혼이 그 예이다. 문화에 따라 다소 차이가 있지만, 오늘날에는 결혼에 있어서 유익함보다는 즐거움을 강조한다.

3. 도덕 친구

거의 모든 사람이 유익함의 친구나 즐거움의 친구 중 하나에 도달할 수 있지만, 아리스토텔레스는 진정으로 덕을 추구하는 소

온라인 친구와 아리스토텔레스의 친구 사랑의 철학

수의 사람을 위해 남겨진 세 번째 범주를 추가한다. 세 번째 범주의 친구는 도덕적으로 선하고 '덕'에 있어서 비슷한 사람들 사이에 존재한다. 이 수준에 도달한 친구들은 서로에게 좋은 일만 하며, 그 자체로 도덕적으로 선한 사람이다. 달리 말해서 친구의 존재 목적에 가장 잘 부합하는 사랑은 덕이 있는 사람 또는 적어도 성실하게 덕을 추구하는 사람들 사이에서만 일어날 수 있다. 그들 사이에서 형성된 관계는 시간적 지속에 있어서나 다른 모든 면에서 완전하다. 유익함과 즐거움 둘 다 여전히 그들 사이에 있을 것이지만, 유익함과 즐거움은 상대방의 도덕적 선을 위한 더 큰 헌신의 한 부분이 될 것이다. 수준이 낮은 형식의 친구 사랑은 자신의 유익함이나 즐거움을 지향하는 이기적인 사랑이다. 그 반면에 존재 목적에 가장 잘 부합하는 친구는 오직 덕을 통해서만 유익함이나 즐거움을 추구할 것이다. 이런 친구를 필자는 '덕 친구' 혹은 '도덕 친구' 혹은 '품성 친구'라고 명명할 것이다.

친구의 세 수준	
유익 친구	상대로부터 어떤 이익을 얻을 수 있어서 상대를 사랑함
쾌락 친구	상대가 즐거움을 주는 한에서만 상대를 사랑함
도덕 친구	상대가 지닌 도덕적 품성을 얻기 위해서 상대를 사랑함

제3장

친구 사랑의 본질적 특징

도덕 친구들은 똑같은 목초지를 공유하는
동물처럼 함께 사는 것이 아니라
말과 생각을 공유함으로써 함께 산다.
-아리스토텔레스

훌륭한 삶에 관한 아리스토텔레스의 이론에 따르면 훌륭한 삶은 주로 친구 사랑을 통하여 실현된다. 친구 사랑에는 4개의 중요한 특징이 있다. 호혜, 공감, 자기 이해, 삶의 공유가 그것들이다. 온라인 소셜 미디어는 이 4가지 특징을 반영하는 방식으로 친구 사랑을 지원하고 강화한다. 하지만 아리스토텔레스의 설명을 따라 호혜, 공감, 자기 이해, 삶의 공유를 깊이 성찰해 보면, 온라인 소셜 미디어가 도덕적 가치를 사랑하는 사람들 사이의 친구 사랑을 강화할 수 있을지는 의문이다.

1. 호혜

아리스토텔레스는 『정치학』 제1권에서 인간을 사회적 존재, 즉 본성상 사회생활을 하게끔 되어 있는 존재로 정의한다. 아리스토텔레스의 목소리는 현대에도 울려 퍼지고 있다. 오늘날 인간이 사회성을 지닌 존재라는 사실에 대해서 이의를 제기하는 학문 영역은 거의 없기 때문이다.

아리스토텔레스에 의하면 인간에게는 사회적 본성의 씨앗으로 기능하는 원초적이고 생물학적인 충동이 있다. 혜택을 서로 주고받고자 하는 충동이다. 이 충동이 바로 호혜적(그리스어 안티페폰토스) 충동이다. 우리는 유아가 타인의 표정과 음성과 자세를 흉내 내는 것을 볼 수 있다. 이것은 바로 유아가 처음으로 타인과 사회적 관계를 맺는 가운데 혜택을 서로 주고받고자 하는 호혜적 충동에 이끌리고 있음을 의미한다. 하지만 아리스토텔레스가 주목하고 있었듯이, 사고하거나 행동할 적에 사회성을 성숙하게 발휘할 수 있기 위해서 우리는 혜택을 서로 주고받고자 하는 호혜적 충동을 보살피고 길들여야 한다. 도덕적 인식과 더불어 혜택을 서로 주고받고자 하는 호혜적 충동은 좋음(선)을 적절하게 주고받을 줄 아는 사회적 덕으로 성숙한다.

앞에서 살펴보았듯이 아리스토텔레스는 친구 사이의 사랑을 세 가지 형식으로 구분하고 있다. 이 중에서 가장 대표적인 형식은 즐거움을 서로 주고받는 친구 사랑이다. 다음으로 이해관계에 기반을 두고 유무형의 유익한 사물을 서로 주고받는 친구 사랑이 있다. 마지막으로 가장 희소하고 가장 완전한(바람직한) 친구 사랑이 있는데, 이 사랑에서 서로 주고받는 것은 일시적인 유무형의 사물이 아니라 지속성을 지니는 존경심과 사랑과 지식과 덕이다. 세 형식 모두에서 친구를 서로 단단하게 묶어주는 것은, 좋음(유익함, 즐거움, 도덕적 가치)의 호혜적 공유이다.

가장 희소하고 친구의 존재 목적에 가장 잘 부합하는 친구끼리의 호혜적 활동은 단순히 자연적 충동에서 비롯하는 것이 아니라, 성숙하고 습관화된 덕에서 유래한다. 친구 간에는 더 이상 정의(正義)가 필요하지 않다고 주장할 적에 아리스토텔레스는 도덕적으로 성숙한 호혜를 염두에 두고 있다. 왜냐하면 정의는 호혜가 붕괴하고 호혜에 격차가 생기는 것을 예방하고, 호혜를 복구하고 호혜의 격차를 없애는 것인데 친구의 존재 목적에 부합하는 친구 사이에서는 이미 호혜(혜택을 적절하게 주고받음)가 작동하고 있으므로 정의는 질병 없는 치료법이 되기 때문이다. 따라서 성숙하고 습관화된 덕에서 유래하는 호혜는 모든 사회적 교류에서 정의보다도 훨씬 더 포괄적으로 작동해야 할 도덕적 품성이다.

소셜 미디어를 통한 호혜적 활동

우리는 소셜 미디어를 통하여 사회적으로 만족스러운 호혜적 활동을 할 수 있다. 이것이 소셜 미디어가 강력한 매력을 지니는 이유 중의 하나임은 명백한 사실이다. 예를 들어 페이스북에서는 '친구 요청'을 하고 이 요청을 수락하는 초기 교류, 친구의 포스트에 '좋아요'로 응답하기, 사진과 동영상을 공유하고 그 안에 있는 친구를 태그하기, 가상공간에서 친구와 음식 싸움을 하는 것으로부터 친구가 원하는 대로 가상의 선물을 주는 데 이르기까지 넓은 범위의 호혜적 활동에 참여하기 위하여 제삼자의 애플리케이

션을 사용할 기회 제공 등 다양한 형태로 호혜가 행해진다.

　보통의 사회성을 지닌 사람이 페이스북에 가입하면, 그 사람은 페이스북에 가입하지 않았을 때보다 훨씬 더 많은 사람과 주고받기에 참여하고 있음을 재빨리 알아차린다. 그러나 규칙적으로 페이스북을 이용하는 사람이 일정 기간 페이스북을 확인하지 않으면 주고받는 기회가 연기되거나 주고받는 기회를 놓치게 된다. 일시적으로 페이스북 사용이 중단된 이용자들에 의해서 자주 보고되는 '페이스북 불안'의 중요한 부분을 차지하는 것이 바로 이러한 사실이다. 그렇다면 규칙적인 페이스북 이용자에게 향상된 사회적 가치와 향상된 사회적 친분을 제공하는 것은 페이스북 페이지에서 보이는 친구들의 숫자가 아님을 알 수 있다. 수치에 실질적인 의미를 부여하는 것은 실제로 호혜적 활동이 얼마나 증가했느냐이다. 다시 말해서 수치에 실질적인 의미를 부여하는 것은 우리가 호혜를 사회적으로 경험할 때 전형적으로 가지게 되는 유쾌하고 자연스러운 반응이 얼마나 증가했느냐이다.

　그렇다면 소셜 미디어가 우리에게 제공하는 호혜의 유형들을 우리는 어떻게 이해해야 하는가? 그리고 호혜의 이러한 유형들은 온라인과 오프라인에서 우리가 누리는 다양한 유형의 친구 사랑과 어떻게 연관될 수 있는가? 아리스토텔레스는 친구 사랑을 세 가지 유형으로 분류하고 있다. 아리스토텔레스의 분류는 서로 화답하는 좋음이 즐거움인가 유익함인가 유덕함인가에 기초하고 있는 분류로서 이해될 수 있다. 페이스북에서 주고받는 것 대부분

　온라인 친구와 아리스토텔레스의 친구 사랑의 철학

은 주로 멋진 재담을 공유함으로써 예기치 않게 주어지는 즐거움이나 친구의 사진을 보면서 느끼는 미적 즐거움 등이다. 링크트인과 같이 상업을 지향하고 있는 뉴미디어에서는 주로 유익한 것을 서로 주고받기도 한다. 가입자들이 공연장소나 예약담당자, 녹음 장비 등에 대한 정보를 공유할 수 있는 마이스페이스와 같은 사이트에서도 유익한 것들이 서로 교환된다. 페이스북에서도 대학 신입생들은 입학하기 전에 자신과 관련되는 최신 정보를 입수할 수 있다.

소셜 미디어상의 호혜적 교환이 이처럼 곳곳에 편재해 있다는 경험적 사실 때문에 소셜 미디어가 사회적 유대관계를 해친다고 보는 학자들의 주장은 그 설득력을 잃고 있다. 이 학자들은 우리가 온라인에서 소셜 미디어에 참여하는 동안 많은 시간을 소비하게 되면, 강력한 사회적 유대가 가장 효과적으로 조성되는 타인과의 면대면 교류의 시간이 줄어들 수밖에 없다고 가정했다. 하지만 다수의 연구 결과에 따르면 오히려 상황은 정반대였다. 대부분의 소셜 미디어 이용자들은 소셜 미디어가 그들의 면대면 교류의 시간을 감소시킨 것이 아니라 실제로는 면대면 교류의 기회를 증가시켰다고 보고하고 있다. 이러한 결과에 대해서 가장 빈번하게 행하는 해석은 소셜 미디어가 면대면 사회화를 방해한다기보다 텔레비전 시청이나 독서와 같은 낮은 단계의 사회활동으로부터 시간을 빼앗는 것이 될 수도 있다는 것이다. 이러한 해석이 어느 정도 옳을 수도 있다. 그러나 만약 그렇다면 소셜 미디어는 왜 낮은

단계의 사회활동으로부터 시간을 빼앗는지에 대한 의문이 생긴
다. 온라인 소셜 네트워크가 사회적 선의 상시적인 호혜를 위한
환경을 조성함으로써 호혜적 활동을 오프라인에서도 계속하고자
하는 이용자의 욕망을 강화할 수도 있다.

물론 소셜 미디어가 서로의 도덕적 품성을 계발하기 위한 좋
은 기회를 제공할 수 있는지에 대한 물음은 답변하기가 어려운
질문이다. 아리스토텔레스도 인정하고 있듯이, 도덕 친구는 쾌락
친구나 유익 친구보다 본래부터 희소하다. 마찬가지로 온라인에
서도 품성의 차원에서 호혜적 유대를 맺고 있다는 증거가 희소할
것이라고 예상될 것이다. 이 점을 명심하면서 우리가 접할 수 있
는 증거를 찾아보기로 하자. 언뜻 보기에는 소셜 미디어의 도움을
받아 친구 간에 훌륭하게 행동하도록 서로 격려하는 것이 가능한
것으로 보인다. 페이스북을 이용하는 수많은 사람이 뉴스 아이템
이나 비디오 클립에 대하여 시민으로서 혹은 정치적 목적으로 포
스팅한다. 그러한 포스팅이 도덕적 분노를 불러일으킬 수도 있고,
친구의 어떤 잘못을 바로잡도록 촉구할 수도 있고, 대의명분을 지
키기 위하여 시민적 저항을 유도할 수도 있다. 극지방의 얼음이
급속하게 녹는 현상, 북한 당국의 무자비한 인권탄압, 중국의 인
터넷 검열 등등에 대하여 포스팅하는 사람은 시급하게 행동에 돌
입할 것을 간절하게 애원하는 경우가 많다. 오늘날 그러한 중요한
이슈들에 도덕적으로 그리고 정치적으로 대응하지 못하도록 하
는 것이 바로 무관심과 체념이다. 그러한 이슈들에 대한 포스팅은

온라인 친구와 아리스토텔레스의 친구 사랑의 철학

이 무관심과 체념이라는 단단한 껍질을 뚫고 나가기 위하여 뉴미디어라는 도구를 사용하고자 하는 진정한 시도가 아닐 수 없다.

그렇지만 우리는 시민적 책임에 관한 이 광범한 외침들을 아리스토텔레스가 존재 목적에 가장 잘 부합하는 친구와 관련해서 말했던 도덕적 격려와 같은 종류의 것이라고 간주해서는 안 된다. 앞에서 언급했던 공적인 포스팅들에서는 '친구들'을 향하고 있긴 하지만 도덕적 품성을 갖춘 친구와 그렇지 않은 친구가 구별되지 않는다. 혹은 포스팅 한 사람과 협력해서 직접 행동할 수 있는 능력의 정도나 행동하고자 하는 의지의 정도도 구별되지 않으며, 포스팅 한 사람들은 친구와 포스팅 한 사람 사이에 특정 표준에 맞추어 살아야 하거나 특정한 종류의 도덕적 품성을 구현해야 하는 공통책무가 이전부터 있었다고 가정하고 있다. 이렇게 볼 때 포스팅 한 사람들은 누군가가 그들이 표적으로 삼고 있는 것을 발견하리라고 기대할 수도 있고, 심지어 그들의 간곡한 권고에 특별히 마음을 열고 호응할 것으로 기대되는 친구들을 심중에 두고 있을 수도 있다. 그러나 포스팅 한 사람의 글로 말미암아 포스팅 한 사람과 그의 친구들이 함께 노력하여 도덕적 품성을 계발하게 될 가능성은 거의 없을 것이다.

아리스토텔레스는 『니코마코스 윤리학』 제9권 제6장에서 정치공동체 내에서의 시민들 간의 사랑을 언급하고 있는데, 앞에서 언급했던 공적인 포스팅들은 시민들 간의 사랑을 표현한 것이라고 볼 수 있다. 그러나 이 포스팅들이 친구의 존재 목적에 가장 잘 부합하는 친구 사이에서 우리가 기대할 수 있는 호혜적 활동과 같은 것은 아니다. 왜냐하면 친구의 존재 목적에 가장 잘 부합하는 친구들은 정의로운 것들을 바라며 이것들을 공동으로 추구하기 때문이다. 여기에서 공동으로 추구한다는 것은 익명의 개인들이 우연히 일치하게 된 도덕적 목적을 실현하기 위하여 결합한 것을 의미하는 것이 아니라, 도덕적 목표가 성취될 때까지 '의견이 일치하는 것'(그리스어 호모노이아)을 의미한다.

온라인에서도 그와 같은 공동 추구를 쉽게 할 수 있는 도구들이 분명히 있다. 예를 들어 전 세계의 곳곳에서 억압받고 있는 반체제 인사들은 잘못된 정책과 제도를 개혁하고 그 책임을 물어 관련 인물들을 문책하기 위하여 그리고 단체로 동시에 항거하기 위하여 소셜 미디어를 이용했다. 그러나 이 반체제 인사들조차도 비슷한 정도로 도덕적이거나 의견이 일치할 수가 없으므로 아리스토텔레스가 언급하고 있는 '친구의 존재 목적에 가장 잘 부합하는' 사랑을 구현하는 데는 미치지 못한다.

2. 공감

공감은 지각 능력이 있는 다른 존재자의 기쁨과 고통을 함께 느끼고 함께 체험할 수 있는 감정능력이다. 아리스토텔레스는 공감을 여러 도덕적 품성 중의 하나로서 분류하지 않았다. 실제로 아리스토텔레스에게는 '품성'으로서의 공감 개념이 없다. 그렇지만 아리스토텔레스의 논의를 따라가 보면, 아리스토텔레스는 타인과 '함께 느끼는' 하나의 감정능력으로서의 공감을 명백하게 인식하고 있었음을 알 수 있다. 그리고 아리스토텔레스는 공감의 표현이 도덕 친구의 본질적 특징 중 하나임을 확인하고 있다.

하지만 아리스토텔레스는 하나의 감정능력으로서의 공감을 이성적 선택에서 유래한다고 본 것이 아니라, 자연적으로 불쑥 끼어드는 하나의 현상으로 보고 있다. 공감과는 달리 '도덕적 품성'(그리스어 아레테)은 실천적 지성에 빠르게 반응하는 '지속적 마음 상태'(그리스어 헥시스), 즉 심사숙고해서 선택한 데서 유래하고 이성의 명령이나 조정 및 감정의 교화에 따라 수정이 가능한 지속적 마음 상태이다. 공감은 아리스토텔레스 자신이 친구 사랑과 매우 유사해 보인다고 묘사하고 있는 일종의 '사교적 덕'과도 구별된다. 사교적 덕은 사회생활을 하는 가운데 올바른 일에 대해서 올바른 방식으로 동의하는 품성이다. 아리스토텔레스에 의하면 사교적 덕에는 특별한 이름이 없다. 사교적 덕을 지닌 사람들은 교제하는 사람들에 대해 특별한 감정을 갖지 않으며, 교제하는 사람들을 아끼고 사랑하지 않는다는 점에서 도덕 친구와 구별된다.

또한 아리스토텔레스가 주목하고 있듯이 도덕적 품성은 타인에 대한 나의 현실적 감정과는 상관없이 발휘된다. 이와는 대조적으로 공감은 이성적 존재자뿐만 아니라 동물도 영향을 받는 자연적인 감정이며 정념과 무관할 수 없다. 그렇지만 흥미롭게도 아리스토텔레스는 공감을 친구의 존재 목적에 가장 잘 부합하는 사랑의 중요한 특징 중의 하나로 삼고 있다.

> 사람들은 고통을 함께하고 더불어 기뻐하는 사람을 친구라고 생각한다. (NE 9.4)

심리학에서는 대상을 이해하거나 대상이 느끼는 상황 또는 기분을 비슷하게 경험하는 심적 현상을 '공감'이라고 한다. 하지만 필자가 사용하고 있는 공감은 이 인용문에 나오는 '고통을 함께하고 더불어 기뻐하는' 감정이다. 도덕적 품성이 없는 사람들 사이에서는 고통을 함께하고 더불어 기뻐하는 것이 불가능하다. 도덕적 품성이 없는 사람들에게는 친구로서 사랑할만한 것이 없으므로 자기 자신에 대해서조차 고통과 기쁨을 느낄 수 없는데 하물며 친구에 대해서는 말할 필요조차 없다. 이처럼 아리스토텔레스는 상대방의 지속적 마음 상태로부터 순수하게 사랑할만한 것을 서로서로 인식함으로써 결속된 두 사람만이 완전하게 공감할 수 있다는 점을 분명히 하고 있다.

더 나아가서 공감은 친구의 존재 목적에 가장 잘 부합하는 사랑이 현실적으로 발휘되기 위해서도 필요하다. 왜냐하면 아리스토텔레스는 순수하고 강렬한 감정 없이 서로에게 단순히 '호의'(그리스어 에우노이아)를 가지는 것만으로는 친구 사랑을 완전하게 발휘하지 못한다는 것을 매우 공들여서 설명하고 있기 때문이

온라인 친구와 아리스토텔레스의 친구 사랑의 철학

다. 아리스토텔레스는 호의와 친구 사랑을 구별하고 있는데 이 구별은 흥미롭다.

> 경기 중인 선수들에게 호의가 생기듯이 호의는 모르는 사람들에 대해서도 갑자기 생겨날 수 있다. 경기 중인 선수들에게 호의를 품고 선수들이 원하는 것과 똑같은 것을 원하지만 즉 선수들이 승리하기를 원하지만, 함께 행동하지는 않으며 선수들을 위해 희생하지도 않는다. (NE 9.5)

따라서 공감은 수동적인 '호의' 이상의 그 무엇임을 알 수 있다. 공감의 토대는 친구와 활동(삶)을 공유하고자 하는 데 있다. 공감한다는 것은 능동적으로 타인과 동고동락하는 것이기 때문이다.

오늘날 우리 중의 대다수는 종종 후회하지만 공감할 수 있는 환경을 피하거나 감정적 거리를 만들어내기 위하여 우리의 생각을 변경하거나 벽을 쌓음으로써 공감의 체험을 외면하려고, 즉 공감하지 않으려고 한다. 무관심이나 냉소나 고통으로부터 우리 자신을 보호하려는 욕구로 말미암아 공감은 쉽게 꺼져버리는 불꽃과 같다. 하지만 만약 우리가 마음의 문을 열고 공감하는 것을 이성적으로 선택한다면 그리고 닥쳐올지도 모를 고통을 받아들인다면, 결정적인 순간에 우리는 움츠리거나 물러서지 말고 생기는 대로의 감정을 허용해야 하며, 우리가 아니라 고통을 함께하고 있는 친구가 의사결정을 하도록 해야 한다는 것을 머릿속에 떠올려야 한다. 공감을 반복해서 이성적으로 선택하다 보면 그와 같이 머릿속에 떠올리는 횟수도 줄고 머릿속에 떠올리는 일도 덜 필요하게 되며, 우리는 그러한 감성적 부담에 더 익숙하게 되고 심지어 그러한 감성적 부담을 환영하게 되기도 한다. 따라서 공감은 도덕적 품성과 마찬가지로 자각적으로 교화되어야 할 하나의 감정임이 분명하다.

온라인 친구와 공감

그렇다면 온라인에서도 친구 사랑을 통하여 하나의 도덕적 품성으로서의 공감을 계발하고 표현하는 것이 가능할까? 우선 상업적이지 않은 플랫폼을 통해서는 공감을 표현하는 일이 광범하게 일어나고 있다는 사실을 주목해야 한다. 어느 날 어떤 사람의 친구나 친척 중의 적어도 한 명이 페이스북이나 트위터에 숙취나 직장에서의 안 좋았던 일, 승진, 심각한 질병, 개인적 목표의 성취, 생일이나 사랑하는 사람의 죽음 등을 게시하는 일이 일어날 수 있다. 그와 같은 게시 글에는 슬픔, 기쁨, 유감, 축하, 격려, 도움의 제의, 위안 등을 표현하는 친구들의 댓글이 홍수처럼 올라오기 마련이다. 이 댓글들의 범주는 사건의 본성에 따라 '힘내라!'라는 재빠른 댓글에서 슬퍼서 눈물을 흘렸다거나 기뻐서 나도 모르게 펄쩍 뛰었다는 그야말로 보다 더 공감적인 고백에 이르기까지 넓은 범위에 걸쳐 있다. 물론 이러한 고백 중에는 순수하지 않은, 즉 공감의 감정이 실제로 수반되지 않은 것들도 있을 수 있다. 그러나 그러한 고백 모두가 실제로 공감을 전혀 수반하지 않는다고 가정하기란 어려운 일이다. 더구나 앞에서 언급했던 게시 글이 오랫동안 보존된다는 사실은 이러한 댓글들을 수용하는 게시자가 댓글을 보고 만족이나 위안을 얻을 수 있음을 암시한다. 그리고 온라인에서 공감을 표현하는 일은 접속 사이트의 추상적인 디스플레이를 구체적이고 현실적인 사회적 유대로 만드는 일이다. 사실 그러한 사이트들의 이용자들은 비사용자들이 은연중에 풍기는 것, 즉 페이스북 친구는 '진정한' 친구가 아니라는 것에 화가 나서 발끈하는 경우가 많다. 그럴싸한 이유로는 기술에도 정상적인 공감적 교환을 쉽게 할 수 있는 능력이 있다는 것이다. 만약 아리스토텔레스가 옳고 공감이 친구 사랑의 전형적인 징표라면, 공감의 순수한 표현을 주고받는 플랫폼 이용자들은 적어도 그들이 온라인에서도 친구 사랑이 무르익을 수 있다고 지각하고 있다는 점이 어느 정도 정당화될 수 있다.

그렇지만 마찬가지로 고려되어야 할 것이 있는데, 그것은 바로 공감하면서 무엇을 구체화하는가이다. 기쁨과 고통은 인식적인 상태가 아니다. 기쁨과 고통은 우리의 호흡과 근육과 소화 기능과 체온 등등에 영향을 미치는 조건들이다. 슬프거나 고통스러울 때 우리의 몸은 수축하고 기쁠 적에 우리의 몸은 확장된다. 그렇다면 타인과 더불어 무엇인가를 느낀다는 것은 타인과 더불어 신체적 변화를 겪는 것이다. 그렇다면 두 사람이 신체적으로 서로에게 '지금 여기'에 존재하지 않을 적에 공감은 어떻게 영향을 받는가? 우리 중의 대부분은 말이 어떻게 해서 위로가 되지 않을 수도 있는지를 경험적으로 알고 있으며, 때때로 슬픔에 빠진 친구에게 가장 좋은 위안은 말없이 신체적으로 껴안는 것임을 경험적으로 알고 있다. 친구가 그야말로 우리와 함께 슬픔을 느낄 적에, 말없이 신체적으로 껴안는 행위에서 우리는 어느 정도 공감적으로 소통한다. 하지만 온라인에서의 간접적인 어떠한 애도 표시도 이러한 공감적 소통을 대신할 수는 없다.

물론 신체적 차원에서의 공감을 상정한다고 해서 온라인에서의 공감의 호혜적 표현들이 무가치하다거나 윤리적으로 중요하지 않다는 결론이 나오는 것은 아니다. 오히려 문자를 기반으로 해서 공감을 표현하는 것이 아무런 표현도 하지 않는 것보다 낫다. 그리고 화상채팅은 신체적 차원에서의 공감을 어느 정도 대신할 수도 있다. 또 온라인에서의 호혜적 공감의 표현들은 임시방편이 될 수도 있다. 왜냐하면 우리는 나중에 직접 만나는 것이 가능할 때 보다 더 깊이 애도하거나 축하할 수 있지만, 우선 문자나 화상으로 곧바로 애도를 표하거나 축하할 수도 있기 때문이다. 그러나 나중에 직접 만나서 더 깊이 애도하거나 축하하기 위해서는 특별히 노력하고 헌신하고자 하는 유덕한 성향이 필요하다. 오늘날 그와 같이 노력하고 헌신하는 젊은이들의 수는 현저하게 감소하고 있다.

온라인 친구와 아리스토텔레스의 친구 사랑의 철학

3. 자기 이해

자기 이해는 평생 진행되는 인식적이고 지각적인 계발의 과정이다. 이 과정을 거치면서 나는 점차 보다 더 정확해지고 전인적(全人的)으로 되고 세계와의 관계에서 나의 존재를 효과적으로 재현할 수 있게 된다. 자기 이해가 단순히 내면적 성찰의 과정이 아님을 주목하는 것이 중요하다. 아리스토텔레스에게 자기 이해는 사적이고 자율적이고 유일무이한 인격성의 내부 핵심을 관찰하기 위하여 '안으로 들어가는' 문제가 아니다. 아리스토텔레스적인 의미에서의 자기 이해는 세계에서 내가 있어야 할 장소는 어디이며 세계 안에서 나의 적절한 역할은 무엇이며, 그러한 역할을 행함에 있어서 내가 소유하고 있는 능력과 결여하고 있는 능력은 무엇인가를 이해하는 문제이다. 나는 나 자신을 그 자체로 이해해야 한다. 그리고 그렇게 하는 과정은 사회적 과정이다.

훌륭한 삶의 본질적인 부분은 내가 타인과 공유하고 있는 삶에서 무엇이 선하고 고귀한 것인지를 인식하는 능력이다. 이것은 일종의 자기 이해를 성취하는 것이다. 왜냐하면 나는 근본적으로 '나의 삶'이기 때문이다. 자기 이해를 위해서 나에게는 한 명 혹은 그 이상의 유덕한 친구의 도움이 필요하다. 이 친구 혹은 친구들은 우리가 함께 성취하는 사유와 행동의 훌륭함과 고귀함을 비추는 거울이 될 수 있다. 이 거울을 통해서 나는 사유와 행동의 훌륭함과 고귀함을 더 잘 볼 수 있게 된다. 삶의 훌륭함은 삶을 살아가는 개인에게 포함되는 어떤 것이 아니라, 개인들이 다 같이 올바르게 사유하고 행한 것의 산물로서 개인들 사이에서 양육되고 드러나는 어떤 것이다. 따라서 내가 나의 진정한 친구에게서 보는 덕들은 매우 순수한 의미에서 또한 나 자신이며, 그 덕들을 인식하는 것은 또한 나 자신을 인식하는 것이다.

소셜 미디어와 자기 이해

그렇다면 자기 이해와 관련해서 소셜 미디어에 대해서 말할 수 있는 것은 무엇인가? 타인과의 협력을 통해서 자기를 이해하는 데 소셜 미디어는 어떤 힘을 가지고 있는가? 앞에서 우리는 호혜가 모든 유형의 친구 사랑과 공유하는 특징이라는 점과 호혜가 온라인상의 모든 수준의 사회생활에서 일상적으로 드러난다는 점을 주목한 적이 있다. 공감은 호혜보다 덜 편재하지만, 공감적 주고받음은 온라인상의 수많은 친구 관계의 중요하고도 매우 가치 있는 특징이다. 그러나 아리스토텔레스적인 의미에서 자기를 이해하게 하는 친구 사랑에는 더 엄중한 요구 사항이 있다. 왜냐하면 그러한 친구 사랑은 나의 친구가 나의 덕과 나의 고귀한 업적을 비추는 제2의 자아로서 기능할 것을 요구하기 때문이다. 더 나아가서 이러한 미러링이 우연의 일치여서는 안 되고 함께 잘 살고 훌륭한 사유와 행위를 공유한 결과여야 한다. 그와 같은 미러링이 소셜 미디어에 의해서 가능할까?

온라인 친구와 아리스토텔레스의 친구 사랑의 철학

사람들은 다양한 이유로 온라인에서 다른 사람들과 교제한다. 다른 사람들과의 교제를 통해서 다양한 경험과 비전에 더 쉽게 접근하려는 사람들도 있지만, 대부분 사람은 '제2의 자아'를 찾기 위하여 온라인에서 다른 사람들과 교제한다. 그들은 좋아하는 것과 싫어하는 것, 정치적 종교적 성향, 관심과 취미 등으로 자신의 페이지를 장식하고, 더 깊은 관계를 맺기 위한 공통지반의 징표를 찾기 위해서 새로이 온라인에 접속한 사람들의 프로필과 신분을 면밀하게 조사한다. 특히 장애인, 성적 소수자, 종교적 소수자 및 희귀하거나 인기가 없는 것들에 관심을 두고 있는 사람들은 제2의 자아를 찾기 위하여 소셜 미디어를 이용하는 경향이 있다. 온라인에서 많은 사람은 적어도 자신들이 혼자가 아니며 세상의 다른 사람들은 자신의 희망과 두려움과 열정을 비추는 거울이라는 발견에 이른다. 물론 이러한 자기 발견의 정서적 가치와 심리적 가치가 과소 평가되어서는 안 된다. 하지만 아리스토텔레스가 말하고 있는 자기 이해와 온라인에서의 미러링을 통한 자기 발견은 같지 않다. 왜냐하면 온라인에서의 미러링을 통한 자기 발견이 반드시 도덕적 상호발전을 수반하지는 않으며, 온라인에서의 미러링을 통해서 도덕적으로 훌륭한 사람의 품성과 자신을 의미 있게 통합하는 것은 불가능하기 때문이다.

4. 삶의 공유

아리스토텔레스는 세 종류의 친구 사랑에 대응하는 친구를 구별한다. 유익함에 기반을 두는 친구(유익 친구), 즐거움에 기반을 두는 친구(쾌락 친구), 서로의 선 그 자체에 기반을 두는 친구(도덕 친구)가 바로 세 종류의 친구 사랑이다. 이 중에서 도덕 친구가 친구의 가장 좋은 형식이다. 도덕 친구로 발전하기까지는 많은 시간이 필요하며, 도덕 친구는 가장 희소하다. 아리스토텔레스가 지적하고 있듯이 도덕적으로 선한 사람은 우리에게 유익한 사람이나 즐거움을 주는 사람과는 비교도 안 될 만큼 상대적으로 희소하기 때문이다. 그렇다고 해서 도덕 친구에게는 유익함이 없거나 도덕 친구에게서 즐거움을 얻지 못한다는 것은 아니다. 도덕 친구들도 애초에는 서로에 대한 미약한 사랑에서 출발하기 때문이다. 다만 사람들이 서로의 도덕적 품성에 친숙해지기까지는 많은 시간이 걸리며 교류를 반복해야 한다. 이런 일은 온라인에서도 얼마든지 일어날 수 있는 것처럼 보인다.

하지만 아리스토텔레스의 설명에 따르면 도덕 친구들에게는 특별한 가치가 있다. 그들은 삶을 공유하기 때문이다. 삶을 공유하는 가운데 각자는 서로의 '제2의 자아'가 된다. 도덕 친구들은 제2의 자아를 통해서 혼자서 실현할 수 있는 것보다 더 좋은 삶을 누릴 수 있다. 그렇다면 온라인 친구들도 서로의 제2의 자아가 되는 방식으로 삶을 공유하는 것이 가능한가? 이 물음에 대답하기

온라인 친구와 아리스토텔레스의 친구 사랑의 철학

전에 아리스토텔레스가 말하는 '삶의 공유'(그리스어 쉬첸)에 대하여 살펴보기로 하자.

일상적 삶과 삶의 공유

아리스토텔레스는『니코마코스 윤리학』제8권 제6장에서 '삶의 공유'를 '단순히 함께 시간을 보내는 것'과 같다고 말하고 있다. 단순히 함께 있으면서 시간을 보내는 삶의 중요성은 풀을 뜯고 있는 동물들의 삶과의 대비에서 가장 잘 드러난다. 가령 양들은 날마다 같은 목초지에서 함께 풀을 뜯고 있지만, 즉 똑같은 일을 하면서 똑같은 시간에 똑같은 공간에 있음에도 불구하고 삶을 공유하고 있는 것은 아니다. 그 반면에 인간은 매우 일상적인 삶조차도 공유할 수 있으며, 일상적 삶 그 자체가 친구와 삶을 공유하는 방식일 수 있다. 따라서 일상생활을 하면서 의미 있는 체험을 공유함으로써 구축되는 친구 관계는 특별히 아무 일도 일어나지 않는 삶의 틈새에서 강화된다.

정서적 유대와 삶의 공유

아리스토텔레스는 삶의 공유를 우리가 선호하는 활동들을 공유하는 것과 같다고 말하고 있다.

각 유형의 사람들에게 있어 그들을 현실적으로 존재하게 하는 것이 무엇이든, 혹은 그들이 삶을 선택하는 목적이 무엇이든 그들은 친구와 함께 지내기를 바란다. 그런 까닭에 어떤 사람은 친구와 더불어 술을 마시고, 또 어떤 사람은 친구와 더불어 주사위 놀이를 하며, 또 다른 어떤 사람은 친구와 더불어 운동하거나 사냥하거나 공부(철학)하는 것이니, 그들은 각자 그들의 삶에서 그들을 가장 잘 만족시켜주는 것들을 하면서 친구와 함께 시간을 보낸다. 다시 말해서 그들은 자신이 생각하기에 다른 사람들과 공유하고 있는 것들을 따라가고, 또 그러한 것들에 공동으로 참여한다. 그들은 친구와 삶을 공유하고 싶어 하기 때문이다. (NE 9.12)

여기에서 아리스토텔레스가 제시하고 있는 활동들은 우리가 직접 친구와 관련지어서 생각하는 활동이기 때문에, 아리스토텔레스가 이러한 활동들을 친구 사랑과 밀접하게 연관 짓고 있다는 사실이 놀라운 것은 아니다. 하지만 이러한 활동들 그 자체만으로 삶의 공유가 무엇을 의미하는지가 드러나는 것은 아니다. 삶을 공유한다는 것이 친구와 공유하는 특정한 활동들의 특성에만 의존하는 것은 아니기 때문이다. 친구와 공유하는 특정한 활동들의 특성보다 더 중요한 것은 삶을 충만하게 하는 활발한 정서적 유대이다. 우리는 친구가 주위에 없을 때 친구에 대하여 생각하고, 근무 중에 일어났던 일에 대하여 친구가 어떻게 생각하고 있을지를 걱정하며, 친구가 좋아할지도 모르는 어떤 사물을 보면서, 나중에 친구에게 그것에 대하여 말하는 장면을 떠올린다. 이 정서적 유대는 우리가 물리적으로 친구와 같은 공간에 함께 있을 적에 가장 완전하게 실현되지만, 우리가 떨어져 있을 적에도 소멸하지는 않는다. 사실 이것이 일상적 활동들조차도 친구 간에 공유될 수 있는 이유이다. 버스를 기다리면서 이전에 나누었던 대화를 이해하고 서로의 일이나 주말 계획에 대하여 정보를 교환하고 의미 있는 질문을 던지고 서로만 아는 농담을 하면서 웃을 수 있는 이유는 정서적 유대 때문이다. 그리고 우리가 멀리 떨어져 있어도 해가 바뀌어도 우리의 가장 긴밀한 친구 관계를 지속할 수 있는 이유도 정서적 유대 때문이다.

의견일치와 삶의 공유

아리스토텔레스에 의하면 도덕 친구 간의 사랑이 현실적으로 존재하기 위해서는 충족되어야 할 특별한 조건이 있다. '의견일치'(그리스어 호모노이아)라는 조건이다. 『에우데모스 윤리학』에서 아리스토텔레스는 다음과 같이 논증하고 있다. 누가 통치해야 하고 누가 지배받아야 하는지에 관하여 의견일치를 보는 폴리스 시민 간의 친구 사랑에 있어서는, 의견일치가 실천적 문제들에 대하여 '같은 이성적 선택'에 도달하는 것을 의미한다. 하지만 도덕 친구의 경우에는 누가 통치해야 하는지에 관한 의견일치가 아니라,

어떻게 삶을 공유할 것이며 삶에서 무엇을 공유할 것인지에 관한 의견일치이다.

> 감정의 일치가 친구 사랑이고, 감정이 일치하는 사람들이 친구라고 생각했던 사람들이 있었다. 하지만 친구 사랑은 모든 것에 관한 의견일치가 아니라, 실천적 문제들을 어떻게 해결할 것인지에 관한 의견일치이자 삶의 공유에 도움이 되는 것에 관한 의견일치이다. (EE 7)

친구 간의 의견일치는 다양한 형식을 취할 수 있다. 예를 들어 두 친구는 자신들을 기만한 사람에 대하여 공명정대하게 행동하는 방법에 대하여, 혹은 어려운 시기를 보내고 있는 동료 시민을 도울 수 있는 가장 좋은 방법에 대하여 의견이 일치할 수 있다. 이런 행동으로부터 귀결하는 만족 혹은 실망은 두 사람 모두에게 속한다. 함께 그렇게 행동하고자 선택했고 따라서 책무도 공유하기 때문이다. 이런 차원에서 도덕 친구들은 같은 목초지를 공유함으로써 함께 사는 동물처럼 함께 살지 않고 '말과 생각을 공유함으로써' 함께 산다.

도덕 친구 간의 의견일치가 추구해야 할 것들에 관한 일반적인 의견일치를 의미할 수도 있다. 가령 두 친구는 각자의 개인적 삶에서 절제가 가장 중요하다는 확신을 공유할 수 있다. 하지만 각자는 서로 다른 스타일과 서로 다른 방식으로 절제할 수 있다.

한 친구는 세심한 다이어트를 통하여 절제하고, 다른 친구는 남에 대한 시시한 잡담에 가담하는 것을 거부함으로써 절제한다. 그들이 공유하고 있는 것은 목적을 실현하는 구체적인 방식들이 아니라 목적 그 자체이다.

정서적 유사함과 삶의 공유

목적들을 공유하지 않을 적에도 한 친구의 행복은 다른 친구의 행복에 영향을 미친다. 친구가 행동을 잘할 때 나 역시 행복하다고 느낀다. 아리스토텔레스는 이런 종류의 '의견일치'를 동정심과 공감의 개념을 통해 설명한다. 동정심과 공감은 친밀한 친구 사이일수록 더욱 고조된다. 그래서 아리스토텔레스는 이렇게 말하고 있다.

> 친구에 대한 애착이 배타적일수록 친구의 요구를 더 잘 들어줄 수 있고 친구의 희로애락을 더 잘 함께 할 수 있다. (NE 9.10)

친구에 대하여 너무 잘 알기 때문에, 그리고 친구는 일정한 방식으로 나와 비슷하다는 것을 알기 때문에 나는 그런 상황에서 친구가 느끼는 감정을 상상할 수 있다. 친구 역시 그런 상황에서 내가 느끼는 감정이 어떠한지를 혹은 내가 어떻게 느꼈는지를 상상할 수 있다. 이처럼 친구는 나와 같은 동정심을 표현할 뿐만 아니라 나와 같은 공감을 표현할 수도 있다. 하지만 공감은 친구 사랑의 필요 조건도 아니고 충분조건도 아님을 유의해야 한다. 공감은 나 자신의 관점으로부터 혹은 친구의 관점이라고 내가 생각하는 것으로부터 친구가 체험하고 있는 것을 상상할 수 있음을 의미할 뿐이다.

친구는 무엇보다도 자기의 친구가 고통받고 있을 때 단순히 고통을 느낄 뿐만 아니라 '똑같은 고통'을 느끼고 싶어 한다. 예를 들어 친구가 목마를 때 가능하기만 하다면, 친구의 목마름을 공유하고자 하고 가능하지 않을 때는 거의 같은 정도로 목말라하고 싶어 한다. 기쁠 적에도 마찬가지다. 다른 이유에서가 아니라 친구가 기뻐하기 때문에 기뻐하는 일이 친구의 특징이다. (EE 7)

친구의 기쁨이나 슬픔을 우리 자신의 기쁨이나 슬픔으로 체험하는 또 다른 방식이 있다. 명백하게 우리 자신이 성취하거나 실패한 것은 아니지만, 그러한 성취나 실패가 우리 자신의 자부심과 수치심의 원천이 되는 경우이다.

개인들은 자기 자신이나 조상 혹은 자신과 관련이 있는 다른 사람이 무례하게 행동했을 때는 언제나 수치심을 느낀다.

(수사학 2.6)

　온라인 친구와 아리스토텔레스의 친구 사랑의 철학

그래서 자녀가 잘 행할 때 자녀가 성취한 것들에서 우리는 자부심을 느끼고, 자녀가 잘하지 못했을 때 우리는 마치 우리 자신이 모자라는 것처럼 수치심을 느낀다. 자녀의 잘못에 대해서 부모로서는 책임을 져야 할 수도 있지만, 반드시 우리가 책임져야 하는 것은 아니다. 하지만 소속감과 애착심을 통해서 우리는 우리 자신과 자녀를 동일시하고 자녀의 좋음을 공유한다. 마찬가지로 도덕 친구도 친구 사랑을 통해서 이런 방식으로 삶을 공유한다.

『니코마코스 윤리학』 제1권 제8장에서 아리스토텔레스는 다음과 같이 논증하고 있다. '행복'(그리스어 에우다이모니아)을 위해서는 '혼'(그리스어 프쉬케)의 능력의 좋음으로서의 '탁월한 품성과 탁월한 지성'을 보유하고 있는 것만으로는 불충분하다. 무릇 행복이란 잘 행하고 잘 사는 것일진대 행복을 위해서는 탁월한 품성과 탁월한 지성을 드러내는 혼의 활동도 필요하기 때문이다. 혼의 활동이란 쉽게 말해서 '삶'을 의미한다. 그런데 '혼 밖의 좋음'(외적 선)이 있어야 혼이 잘 활동할 수 있다. 혼 밖의 좋음 중 하나가 바로 친구이다. 따라서 행복 혹은 잘 산다는 것은 독립된 개체로서의 나의 행복이 아니라 친구와 삶을 공유하는 사회적 존재로서의 나의 행복을 의미한다. 그렇다면 온라인에서도 친구와 삶을 공유하는 것이 가능한가?

소셜 미디어를 통한 삶에 대한 것의 공유

삶을 공유하는 것과 삶에 대한 것을 공유하는 것을 구별한다면, 온라인 친구와 삶을 공유할 가능성은 비교적 적어 보인다. 아리스토텔레스에 의하면 삶의 공유는 가치 있는 목적들을 공유하고 함께 목적을 실현한다는 것을 의미하지만, 온라인에서 삶에 관한 정보를 서로 주고받으면서 의사소통하는 것은 삶에 대한 것을 공유하는 활동에 불과하기 때문이다. 삶에 대한 것을 공유하는 활동으로부터 가치 있는 목적들을 공유하기를 기대하기는 어렵다.

소셜 미디어 특히 페이스북처럼 친구 맺기를 지향하고 있는 사이트들은 주로 삶에 대한 것을 공유하기 위한 매개체 역할을 한다. 이 사이트들을 보면 우리의 생각이나 행동, 가족사진, 적성시험 응시료, 온라인 퀴즈 등의 상태를 빠르게 업데이트한 내용으로 가득 차 있다. 유튜브는 오락을 공유하는 데 큰 도움이 된다. 하지만 이 사이트들은 주로 유익한 것을 주고받는 친구 관계를 대변하는 상업적 사이트이거나 전문적인 접속을 배제하는 사이트이다. 그런 사이트들에 접속했을 때 추구되는 활동들이 도덕 친구를 낳을 것 같지는 않다.

소셜 미디어가 등장한 세계 각 지역에서의 문화적 경제적 현실

친구 사랑에 많은 시간과 노력을 투자하기로 마음먹은 사람들에게는 다른 사람의 가장 근본적인 가치, 신념, 소망, 헌신 등을 탐색하는 데에 소셜 미디어가 이용될 수도 있다. 이러한 탐색은 친구 간의 정서적 유대를 강화해 주며, 이러한 탐색을 통해서 자기 이해가 가능할 수도 있다.

하지만 이와 같은 긍정적 결론들은 소셜 미디어에 대한 엄중한 경고가 될 수도 있다. 온라인에서 소셜 미디어를 이용하는 사람의 대부분은 쾌락 친구나 유익 친구를 쉽게 만나는 것을 목표로 하고 있기 때문이다. 물론 즐거움이나 유익함을 주고받는 친구들이 가치 있는 목적과 책무를 공유함으로써 다른 사람과 함께 훌륭하게 사는 데에 비용과 시간과 노력을 투자한다면, 도덕 친구로 발전할 가능성이 전혀 없는 것은 아니다. 하지만 도덕 친구는 본성상 희귀한 보물이다. 우리는 소셜 미디어가 진공 속에 존재하는 것도 아니고, 소셜 미디어가 앞으로 어디에 어떻게 쓰일지를 소셜 미디어 스스로가 결정하는 것도 아님을 인정해야 한다. 소셜 미디어는 사회적 맥락 안에 존재한다. 불행하게도 소셜 미디어가 출현한 세계 각 지역에서의 문화적 경제적 현실은 도덕 친구의 가능성 즉 친구들이 바람직한 목적과 도덕적 책무를 공유할 가능성을 아예 차단하고 있다. 이 점은 소셜 미디어가 출현하기 전에도 마찬가지였다.

소셜 미디어를 통한 말과 생각의 공유

사정이 이러한데도 온라인에서 삶을 공유하는 것이 가능하다고 생각하는 사람들이 있다. 아이로니컬하게도 이들은 아리스토텔레스의 말을 논거로 삼고 있다.

> 인간에게 함께 산다는 것은 가축처럼 같은 공간에서 풀을 뜯어 먹고 있다는 뜻이 아니라, 말과 생각을 공유하는 것을 의미한다. (NE 9.9)

이 대목을 따르자면 말과 생각을 공유하도록 허용하는 미디어는 무엇이든지 삶을 공유하는 수단일 수 있다는 것이 이들의 생각이다. 하지만 이들의 생각에는 문제가 있다. 아리스토텔레스가 강조했던 것은 단순히 의사소통 수단을 통해 말과 생각을 공유한다는 것이 아니라, 같은 시간과 같은 공간에서 있으면서 말과 생각을 통해 친구가 존재한다는 것을 함께 '지각해야' 한다는 것이기 때문이다. 소셜 미디어를 통해서 말과 생각을 공유하는 일은 얼마든지 가능하지만, 친구의 존재를 직접 지각하는 일은 절대로 불가능하다. 더 나아가 소셜 미디어를 통해 말과 생각을 공유하는 친구들에게 실천적인 문제들에 대하여 올바르게 생각하고 함께 책임지기를 기대하기란 더욱 어렵다.

소셜 미디어를 통한 가치 있는 활동의 공유

온라인에서 삶을 공유하는 것이 가능하다고 생각하는 사람들은 계속해서 다음과 같이 주장한다. 아리스토텔레스가 언급하고 있듯이, 우리는 친구와 함께 산다는 것을 가축이 함께 사는 것과 구별해야 한다. 인간 존재의 특성은 이성적 삶이므로 친구는 이성적 삶을 공유함으로써, 즉 대화를 통해서 말과 생각을 공유함으로써 함께 산다. 서로 다른 사람들은 서로 다른 유형의 개인적 과제를 추구하는 가운데 삶의 의미와 가치를 발견한다. 그렇다면 이러한 활동들을 온라인에서 공유함으로써 친구와 삶을 공유할 수 있지 않은가?

더 정확하게 말하자면, 온라인에서 친구들은 상대방을 친구로서 인식하며 그 친구 역시 상대방을 친구로 인식함으로써 응답한다. 이러한 일은 가치 있는 활동을 하는 가운데 공유되는 것이다. 동시에 상대방을 통해 가치 있게 활동하는 능력도 확장된다. 온라인에서의 대화가 친구 사랑에 미치는 잠재적 능력을 평가하기 위해서는 온라인에서 주고받을 수 있는 말과 생각이 어떤 것인지와 온라인에서 공유될 수 있는 활동이 어떤 것인지를 살펴볼 필요가 있다. 철학에 관심을 가진 친구들은 온라인에서 철학적 주제에 대해서 논할 수 있으며, 사진 마니아들은 사진을 공유하면서 서로 비평할 수 있다. 온라인에서 공유하기 어려운 활동이라 하더라도 그러한 활동을 소중하게 여기는 개인들에게는 그러한 활동들의 가치를 합리적으로 평가하는 일이 중요할 수도 있다. 합리적으로 평가하는 일은 인간 특유의 활동이기 때문이다. 과거에 있었던 일에 관한 대화를 온라인에서 친구와 공유하는 것은 친구와 삶을 공유하는 것으로 간주해야 한다. 삶을 공유하기 위하여 친구와 일상생활을 공유할 필요는 없지 않은가?

다시 말해서 친구들이 가축처럼 같은 공간에서 풀을 뜯고 있을 필요는 없지 않은가? 언어나 상징적 묘사나 예술적 표현을 통해서 생각을 공유할 수 있는 우리의 능력은 아이디어나 경험을 공유하는 데 중요한 역할을 한다. 온라인에서의 대화를 통해서 낙담하게 되는 것이 아니라 오히려 소셜 미디어가 대화를 쉽게 유도할 수도 있지 않은가?

하지만 이와 같은 사유 노선에는 심각한 문제가 있다. 앞에서 살펴본 바와 같이 삶을 공유한다는 것이 친구와 공유하는 특정한 활동들의 특성에만 의존하는 것은 아니기 때문이다. 아리스토텔레스에 의하면, 친구와 공유하는 특정한 활동들의 특성보다 더 중요한 것은 우리의 삶을 충만하게 하는 활발한 정서적 유대이다. 이런 의미에서 삶을 공유하는 것과 온라인에서 가치 있는 활동을 공유하는 것은 차원이 다르다. 삶을 공유한다는 것은 도덕 친구가 된다는 것을 의미하지만 온라인에서 가치 있는 활동을 공유한다고 해서 서로의 품성이 교류되는 것은 아니기 때문이다. 특히 삶을 공유하기 위하여 친구와 일상생활을 공유할 필요가 없다는 이들의 생각에는 아리스토텔레스에 대한 근본적인 오해가 깔려 있다. 앞에서 살펴본 바와 같이 아리스토텔레스에 의하면, 일상적인 활동들은 삶을 공유하기 위한 잠재적 원인이며 삶의 공유는 우리가 친구의 존재를 직접 지각할 수 있을 적에 가장 완전하게 실현되기 때문이다.

비언어적 수단을 통한 경험의 공유

온라인에서도 삶을 공유할 수 있다고 생각하는 사람들은 그 가능성을 다음과 같이 모색하기도 한다. 소셜 미디어의 대중적 용도는 그림, 사진, 음악, 비디오 영상 등을 공유하는 것이다. 아리스토텔레스가 살았던 시대에 비추어 보면, 이 중의 대부분은 공간을 직접 공유하지 않고서는 사람들이 공유할 수 있는 선(善)이 아니다. 고대 아테네에서는 함께 연극을 즐기기 위해서 혹은 똑같은 음악을 감상하기 위해서 친구들이 관람석에 함께 앉아 있는 것이 필요했을 것이다. 그러나 오늘날 음반, 사진 등등을 공유하고 교환하는 능력과 더불어 녹음 기술이 발전함에 따라 친구들은 다른 시간과 다른 장소에서도 똑같은 사건을 경험할 수 있다. 이러한 경험은 그들의 친구 사랑의 한 부분이 된다. 친구는 자신이 즐겨듣는 노래가 들어 있는 뮤직비디오를 나에게 보낼 수도 있다. 그런 다음에 그 친구가 나도 역시 그 노래를 좋아하리라고 생각할 수 있다. 우리는 세계의 다른 장소에 있을지라도 똑같은 영화를 같이 볼 수도 있다. 노래를 공유하는 것이 좋은 음악을 즐기는 우리의 능력을 확장하는 하나의 방법이 될 수도 있다. 만약 내가 친구도 나와 마찬가지로 음악을 소중히 생각한다는 것을 확신하고 있다면, 나의 친구가 좋은 음악을 듣고 있다는 것이 참으로 귀중하다는 것을 발견하게 될 것이다. 소셜 미디어를 통해서 영화나 음악 등을 주고받는 것이 너무나 대중화되어 있으므로 비언어적인 수단을 통해서 경험을 공유하는 것이 중요하다는 것을 알 수 있다. 아리스토텔레스에게는 비언어적인 수단을 통해서 경험을 공유하는 일이 상상도 되지 않았을 것이다. 하지만 비언어적인 방법으로 경험을 공유하는 일은, 삶의 공유를 인간에게 고유한 활동의 공유로 특징 지은 아리스토텔레스의 정신에 부합하는 것이 아닌가?

이들의 논점은 비언어적 수단을 통한 경험의 공유도 아리스토텔레스가 말한 삶의 공유로 간주할 수 있다는 것이다. 이들은 비언어적 수단을 통한 경험의 공유도 인간의 고유한 활동을 공유하는 것과 같다는 근거를 제시하고 있다. 하지만 그림, 사진, 음악, 비디오 영상 등을 공유함으로써 그런 것들을 즐기는 능력이 확장되고 서로에 대한 호의적 감정을 가질 수는 있어도 안정적인 정서적 유사함의 단계에 도달하기란 어렵다. 아리스토텔레스가 경고하고 있듯이, 친구가 어떤 생각을 하고 있는지, 그리고 친구에게 참된 친구 사랑의 싹이 존재하는지를 알기 위해서는 서로의 삶을 체험할 수 있어야 한다. 아리스토텔레스는 경험을 공유하는 것 이상으로 '탁월한 품성'(덕)의 유사함을 강조하고 있다.

'친구 사이'(그리스어 필로테스)란 '동등함'(그리스어 이소테스)과 '유사함'(그리스어 호모이오테스)을 의미하며, 무엇보다도 '탁월한 품성'(덕)이 유사한 사람들의 유사함을 의미한다. (NE 8.8)

삶에 의미를 부여하는 활동으로서의 온라인 게임

온라인에서도 삶을 공유할 수 있다고 생각하는 사람들은 온라인 게임을 하는 사람들 간의 친구 관계 중에는 단순히 도구적 친구 관계(유익함의 친구 관계나 즐거움의 친구 관계)인 경우가 대부분임을 인정하면서도 다음과 같이 주장하고 있다. 온라인에서 함께 게임을 한다는 것은 삶에 의미를 부여하는 활동을 공유한다는 것을 의미한다. 게임에는 삶에 의미를 부여하는 활동들(인간 특유의 능력인 장난, 전략적인 추론, 창조적 활동, 탐색 활동 등)이 포함되어 있기 때문이며, 또한 상대방의 게임을 '제2의 자아'의 활동으로 간주할 수도 있기 때문이다. 따라서 온라인에서 게임을 하는 것도 삶을 공유하는 하나의 방식일 수 있다. 실제로도 많은 사람이 자기의 삶에 의미를 부여하는 것이 바로 게임이라고 생각한다.

이들은 삶에 의미를 부여하는 활동과 삶의 공유를 동일시하고 있다. 하지만 아리스토텔레스가 말하는 삶의 공유가 삶에 의미를 부여하는 활동으로 확장될 수 있을지는 의문이다. 삶에 의미를 부여하는 활동이 반드시 실천적인 문제들에 대한 의견일치를 함의하지는 않기 때문이다. 그리고 상대방이 게임을 하는 것을 '제2의 자아'의 활동으로 간주할 수 있을지도 의문이다. 제2의 자아는 우리가 무엇에 헌신해야 할 것인지, 그리고 궁극적으로 좋고 즐거운 것이 무엇인지에 대하여 의견이 일치하는 사람이기 때문이다.

온라인에서의 사악한 활동의 문제

도덕 친구에 대한 아리스토텔레스의 설명을 따르면, 친구의 존재 목적에 가장 잘 부합하는 사랑은 품성이 탁월한 친구 간의 사랑이다. 끈끈하지만 도덕적이지 않은 사람들은 비도덕적인 활동을 공유할 때 서로에게 매우 나쁠 수도 있다.

> 비도덕적인 사람들의 친구 사랑은 사악하게 된다. 그들은 안정적이지 않아서 함께 비도덕적인 일을 추구하고 서로를 닮아가면서 사악하게 되기 때문이다. (NE 9.12)

품성이 나쁜 친구들은 여러 가지 방식으로 서로에게 나쁠 수 있다. 그들은 나쁜 활동을 공유할 수도 있고 즉 나쁘게 살 수도 있고, 서로에게 나쁜 쪽으로 영향을 미칠 수도 있고, 나쁜 성향을 강화할 수도 있다. 그 결과 그들은 친구가 개선되는 것을 더욱 어렵게 할 수 있다. 아리스토텔레스의 이와 같은 경고는 온라인에서의 친구 사랑, 특히 소셜 미디어를 통해서 형성된 친구 사랑에서 더욱 중요하다.

아리스토텔레스는 삶을 공유하는 것이 친구 사랑의 토대라고 생각한다. 공유된 삶의 질이 친구의 질도 결정하고 친구 사랑의 질도 결정한다. 어떤 사람의 삶의 질은 적어도 그 사람의 품성, 특히 그 사람의 관심을 사로잡고 실질적으로 그 사람의 삶이 되는 활동에 크게 영향을 받는다. 훌륭한 삶, 즉 행복한 삶은 도덕적인 사람의 삶이다. 도덕적인 사람은 행복한 삶에 필요한 만큼의 외적 선만 소유하는 사람이다. 가장 좋은 친구 사랑을 누리는 친구들은 가장 좋은 삶을 공유할 것이다. 온라인에서는 게임, 오락, 즐거운 대화뿐만 아니라 예술적으로 지성적으로 추구할 것들이 다양하다는 점을 고려해 볼 때, 온라인에서 탁월한 활동을 많이 공유할 수 있고 그러한 활동들이 온라인에서의 탁월한 친구 관계를 형성하는 데에 도움을 줄 수도 있다.

그러나 온라인에서의 활동이 모두 탁월한 것은 아니다. 도덕적인 사람들이 아니라 사악한 사람들이 추구하는 것들도 있기 때문이다. 아리스토텔레스의 관점에서 보면 사악한 활동을 공유하는 친구들은 활동을 공유하지만, 그들이 공유하는 활동은 아무런 가치도 없다.

본성상 좋은 것은 훌륭한 사람에게도 좋다. 삶이 모든 사람에게 즐거운 것으로 보이는 이유가 바로 여기에 있다. 그러나 우리는 이때의 삶이 사악하고 타락하고 고통으로 가득 찬 삶이라고 생각해서는 안 된다. 그러한 삶에는 명확한 질서가 없기

때문이다. (NE 9.9)

따라서 가장 좋은 친구가 되기 위해서는 친구들이 도덕적으로 훌륭한 삶을 공유해야 한다. 하지만 온라인에서 사악한 활동들(사이버 왕따 만들기 활동, 테러 음모 활동, 비윤리적인 해킹 활동, 성 착취 활동 등)에 사로잡혀 있는 친구들은 함께 훌륭한 삶을 살고 있지 않으며, 매우 끈끈한 관계일지라도 서로에게 훌륭한 친구도 아니다. 아리스토텔레스의 주장처럼, 훌륭한 삶을 살아감에 있어 탁월한 품성이 중요하다면 훌륭한 친구들은 훌륭한 방식으로 서로에게 영향을 미칠 것이다. 그 반면에 나쁜 사람들은 나쁜 방식으로 서로에게 영향을 미칠 것이며, 그 결과 그들이 그렇게 의도했든 의도하지 않았든 나쁜 친구가 될 것이다.

아리스토텔레스가 말하고 있듯이, 탁월한 품성을 지닌 사람들끼리는 결코 나쁘게 행하는 일이 없지만 탁월한 품성에 이르지 못한 친구들 사이에서는 언제든지 나쁘게 행하는 일이 일어날 수 있다. 그들은 나쁜 행위 그 자체를 거부할 수 있는 '지속적 마음 상태'에 있지 않기 때문이다. 온라인에서 사악한 활동에 사로잡혀 있는 친구들이 바로 이런 사람이다.

온라인 친구와 아리스토텔레스의 친구 사랑의 철학

바람직한 목적과 도덕적 책무의 공유

이상에서 살펴본 바와 같이 오늘날의 소셜 미디어가 도덕적으로 훌륭한 사람들 간의 친구 사랑을 뒷받침할 수 있을지는 의문이다. 아리스토텔레스가 말하는 도덕 친구를 사귀는 데 소셜 미디어가 일정한 역할을 할 수 있다고 생각하는 사람들에 의하면, 온라인 친구들은 자기의 삶을 구성하고 있는 요소 중에서 특히 인간적으로 귀중한 요소들을 공유할 수 있다. 가령 온라인 친구들은 소셜 미디어를 통해서 서로 대화하고 생각을 공유함으로써 함께 합리적으로 판단하고 함께 가치 있는 활동에 참여한다는 것이다. 이런 의미에서 소셜 미디어를 통해서 소통하고 교류하는 친구 간에도 삶을 공유하는 것이 가능할 뿐만 아니라, 소셜 미디어를 통해서 함께 판단하고 함께 유희를 즐기고 서로 아이디어를 교환한다면 소셜 미디어는 인간적으로 귀중한 삶의 부분들을 보존하는 수단이 될 수도 있다는 것이다. 이들의 주장대로 소셜 미디어가 인간의 고유한 활동에 미치는 긍정적인 요소를 부인할 수는 없다. 하지만 온라인에서의 활동 공유가 바람직한 목적과 도덕적 책무의 공유를 함의할 수 있을지는 의심스럽다. 아리스토텔레스의 관점에서 보면 온라인에서의 활동 공유가 '친구의 존재 목적'(인간으로서 잘 삶)에 가장 잘 부합하는 사랑의 토대로 기능하기를 기대하기란 무척 어려운 일이다.

제4장

친구 사랑의 윤리학적 함의

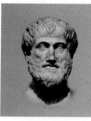

사람들이 친구일 때는 정의가 필요없다.
－아리스토텔레스

『니코마코스 윤리학』 제8권에서 아리스토텔레스는 친구 사랑이 일종의 '탁월한 품성'(덕)이거나 탁월한 품성과 관련되는 어떤 것이며 인간의 삶을 위해서 꼭 필요한 것이라고 말하면서 친구 사랑에 대한 자신의 논의를 시작하고 있다. 이것은 아리스토텔레스가 친구 사랑의 대인 관계적 측면보다는 윤리적 측면을 강조하고 있음을 의미한다. 아리스토텔레스를 따르면, 우리는 품성이 탁월하게 되지 않고서는 서로의 친구가 될 수 없으며 친구 사랑 없이는 잘 살 수 없다.

> 다른 좋은 것들을 다 가졌다 하더라도 친구 없는 삶을 선택하는 사람은 아무도 없을 것이다. 부유한 사람이나 다른 사람을 지배하거나 다른 사람 위에 군림하는 사람에게도 다른 무엇보다 친구가 필요하다고 생각된다. 왜냐하면 선행(善行)은 친구와 관련해서 가장 자주 발생하고 선행에 대해서는 친구들이 가장 많이 칭찬하는데, 친구가 없어서 선행의 가능성이 없어진다면 부와 권력은 아무런 소용이 없기 때문이다. (NE 8.2)

『에우데모스 윤리학』에도 이와 유사한 대목이 있다.

우리는 친구를 큰 선 중의 하나라고 생각하며 친구가 없어
지거나 고독하게 되는 것을 매우 끔찍한 일이라고 생각한다. 왜
냐하면 우리의 삶 전체와 우리의 자발적 유대관계는 친구와 관
련되어 있기 때문이다. (EE 7.1)

『니코마코스 윤리학』 제8권에서 아리스토텔레스는 '탁월한
품성'과 밀접하게 얽혀 있는 '유익함'의 개념을 매개로 하여 친구
사랑과 잘 사는 것을 연결하기도 한다.

친구 사랑은 삶을 위해서 꼭 필요한 것일 뿐만 아니라 유익
한 것이기도 하다. 왜냐하면 우리는 친구를 사랑하는 사람들을
칭찬하고, 친구를 많이 사귀는 것은 유익한 일 중의 하나라고
여기며 더 나아가 좋은 사람과 좋은 친구는 같은 사람이라고 생
각하기 때문이다. (NE 8.1)

친구 사랑에 관한 아리스토텔레스의 논의 중심에는 '품성이
탁월한 친구 사이의 사랑'이라는 개념이 있다. 행복(잘 삶)의 의미,
자족적인 삶과 친구, 신체와 혼 밖의 선으로서의 친구, 품성이 탁
월한 친구 사이의 사랑과 정의(正義)의 관계를 차례로 살펴보면서
아리스토텔레스가 왜 품성이 탁월한 친구 사이의 사랑을 하나의

덕(탁월한 품성)이라고 말하는지, 그리고 왜 품성이 탁월한 친구 사이의 사랑이 인간의 삶을 위해서 꼭 필요하다고 말하고 있는지를 살펴보기로 하자.

1. 잘 삶의 의미

잘살고 있는 유기체와 건강한 유기체의 차이는 무엇인가? 겉으로 보기에는 양자의 분리가 가능한 것처럼 보인다. 아마도 식물은 그렇지 않을 것이다. 건강한 식물이 곧 잘살고 있는 식물이기 때문이다. 동물의 경우 우리는 동물원에서 잘 보살핌을 받는 동물에 대해 건강하지만 잘살고 있는 것은 아니라고 말할 수 있다. 예를 들어 먹이를 사냥하지 않는 늑대를 생각해 보면 건강하지만 잘살고 있지는 않은 것이 거의 명백하다. 사람의 경우 어떤 사람은 건강하지만 비참한 삶을 살고 있을 수 있다.

잘살고 있는 유기체와 건강한 유기체의 구별에 대한 설명은 혼(그리스어 프쉬케)에 대한 아리스토텔레스의 삼분법(생혼, 각혼, 인혼) 설명에서 찾을 수 있다. 여기에서 주의가 필요하다. 플라톤은 혼이 육체와 분리된 후에도 계속 존재하는 것으로 생각했다. 데카르트는 혼을 정신이라고 명명하면서 육체와는 별개의 실체라고 주장했다. 그리고 현대인의 귀에 혼이라는 용어는 종종 초자연적인 의미를 내포하는 것으로 들린다. 아리스토텔레스의 혼 이론은 이런 유형이 아니다. 아리스토텔레스에게 있어서 혼은 생명 원리일 뿐이다. 유기체의 경우 아리스토텔레스는 혼을 유기체에 얽혀 있는 형상(形相, 그리스어 에이도스)으로 간주한다. 형상으로서의 혼은 유기체 없이 존재할 수 없으며 유기체도 혼 없이 존재할 수 없다.

혼		
이성이 없는 혼		이성적인 혼
생혼(生魂)	각혼(覚魂)	인혼(人魂)

유기체의 세 범주(식물, 동물, 인간)는 중첩적인 계층을 형성하는 세 가지 유형의 혼에 의해 구별된다.

식물은 생혼(生魂)을 가지고 있다. 식물은 자라고 영양을 섭취하고 번식한다. 이 작업을 성공적으로 수행하면 식물은 번성하고 (잘살고) 있다.

동물도 혼에 생혼 부분을 가지고 있다. 동물도 자라고 먹고 번식한다. 그러나 동물은 또한 각혼(覚魂)을 가지고 있다. 동물은 욕구하고 지각하며, 욕구를 충족시키기 위해 움직이고 행동한다. 동물은 종 전체와 종 내에서 다양한 방식으로 이를 수행한다. 이것은 아마도 동물원의 늑대가 잘산다고 할 수 없는 이유에 대한 단서를 제공한다. 동물원의 늑대는 먹이 사냥과 같은 늑대의 특징적인 활동에 참여할 수 없으므로 더 이상 번성할 수 없다. 어떤 면에서 동물원의 늑대는 식물처럼 산다.

온라인 친구와 아리스토텔레스의 친구 사랑의 철학

인간은 생혼 부분과 각혼 부분을 모두 가지고 있다. 인간에게
는 생혼과 각혼 이외에 인혼(人魂)도 있다. 인혼은 이성적 활동을
담고 있는 그릇이다. 그래서 17세기에 데카르트는 인간의 혼을
정신이라고 명명한다. 동물은 욕구를 만족시키는 것에만 근거하
여 행동할 수 있는 반면에 인간은 좋음(선)에 근거하여 행동할 수
있다. 또한 인간은 본질적으로 사회적(또는 정치적) 존재이기 때문
에 고립된 삶을 살아가는 인간은 잘살 수 없다. 이성을 잘 사용하
지 못하는 사람도 잘산다고 할 수 없다.

식물	생혼
동물	생혼 + 각혼
인간	생혼 + 각혼 + 인혼

행복(잘 삶)에 대한 아리스토텔레스의 정의는 『니코마코스 윤
리학』 제1권에 명시되어 있다. 행복이란 덕(그리스어 아레테)에 따
른 혼의 활동이다. 이 정의의 핵심은 이성을 잘 사용해야 한다는
것이다. 하지만 이성을 잘 사용하기 위해서는 선(善)이 필요하다.

아리스토텔레스는 선을 세 가지 범주로 설명한다. 첫 번째 범
주는 신체와 혼 밖의 선이다. 다시 말해서 마음이나 감정이나 품
성이나 신체의 외부에 있는 선이다. 신체와 혼 밖의 선 중에서 중
요한 것은 영양을 유지하고 기본 욕구를 충족시킬 수 있을 만큼
의 부(富), 도덕 친구, 좋은 가문, 명예 등이다. 두 번째 범주는 주

로 건강, 힘, 외모로 구성되는 신체의 선이다. 세 번째 범주는 인혼 부분(이성적인 부분)만을 가리키는 혼의 선이다. 혼의 선들은 이론적인 문제와 실천적인 문제와 관련되는 좋은 이성적 활동의 특성들이다.

행복에 대한 아리스토텔레스의 정의는 세 번째 범주를 강조하지만, 『니코마코스 윤리학』 이외의 다른 저작에서 종종 아리스토텔레스는 신체와 혼 밖의 선 및 신체의 선에 대한 요구를 중시한다. 그렇다고 해서 좋은 이성적 활동이 신체와 혼 밖의 선 및 신체의 선을 성취하는 데 아무런 역할도 하지 않는 것은 아니다. 예를 들어 프로네시스(실천적 지성)라는 혼의 선은 신체와 혼 밖의 선 및 신체의 선 둘 다 보호한다. 그러나 운이나 운명에 따라 많은 일이 있을 수 있다. 심각한 질병은 누구에게나 닥칠 수 있다. 아리스토텔레스의 이와 같은 생각과는 달리 나중에 스토아학파는 어떤 불행도 덕을 훼손할 수 없을 뿐만 아니라 덕이 행복의 전부라고 믿으며 운명에 동의하지 않았다.

주의해야 할 것이 있다. 아리스토텔레스는 우리가 행복을 목표로 해야 한다고 말하고 있는 것이 아니라, 우리는 행복을 목표로 한다고 말하고 있다. 다시 말해서 아리스토텔레스는 행복하고 성공적인 삶을 살라고 우리에게 말하고 있는 것이 아니라, 어떻게 살아야 행복하고 성공적인 삶을 사는지를 우리에게 말하고 있다. 대다수 사람은 행복을 육체적인 쾌락이나 명예라고 생각하지만, 이것은 그들이 불완전한 시각으로 훌륭한 삶을 바라보기 때문이다. 대다수 사람이 보통 행복이라고 생각하는 것은 진정한 행복에 부합하지 않는다. 대다수 사람은 대체로 덕이 부족하기 때문이다. 덕(그리스어 아레테)이란 바른 태도로 행동하는 품성(기질, 성격)이다. 이 품성은 어려서부터 주입된다. 가령 용기라는 덕이 있는 사람은 두려움에 직면해서 자신감을 보여줄 뿐만 아니라 용기를 좋은 것으로 생각할 것이다. 용기라는 덕이 있는 사람은 용기 있게 행동함으로써 행복하게 될 것이며, 용기 있게 행동하는 것은 좋은 삶을 사는 것의 한 부분이 될 것이다. 이와는 대조적으로 잘 자라지 못해서 비겁한 짓을 하는 사람은 위험을 피하는 데서 행복을 발견할 것이며, 따라서 불완전한 시각으로 훌륭한 삶을 바라보게 될 것이다.

2. 잘 삶과 친구

선(좋음)에 관한 아리스토텔레스의 큰 그림에서 '친구'라는 용어가 등장하는 배경은 이렇다. 『니코마코스 윤리학』 제1권 제8장에서 아리스토텔레스는 행복을 위해서는 혼의 능력의 좋음(선)으로서의 덕(그리스어 아레테)을 보유하는 것만으로는 불충분하다고 논증한다. 왜냐하면 무릇 행복이란 잘 행하고 잘사는 것일진대 행복을 위해서는 탁월한 품성을 발휘하는 혼의 활동도 필요하기 때문이다. 그런데 혼 밖의 좋음이 있어야 혼이 잘 활동할 수 있다.

혼이 잘 활동한다는 말은 잘산다는 것을 의미한다. 혼 밖의 좋음 중 하나가 바로 친구이다.

혼(그리스어 프쉬케)		
혼의 기능	생명 기능 = 유기체를 살아 있게 하는 것	모든 유기체에 본성적으로 주어져 있음
혼의 활동	혼의 활동 = 유기체의 삶	혼은 반드시 유기체를 통해서 기능을 발휘함
혼 활동의 목적	좋은 삶 = 잘 삶	모든 유기체의 존재 목적은 잘 사는 것임
인간의 경우 잘 살기 위한 조건	혼의 좋음 (덕)	습관, 모방, 교육을 통해 혼을 단련해야 함
	신체의 좋음 (건강) 신체와 혼 밖의 좋음 (부, 명예, 친구 등)	

친구 사이의 사랑은 여러 가지 덕을 발휘하기 위한 맥락과 활동무대를 창출한다. 친구 사이의 사랑은 또한 덕행의 기회와 수혜자를 제공한다. 하지만 무엇보다도 친구 사이의 사랑은 좋은 삶(잘 삶)에 필수적이다. 나의 행복은 다른 사람의 행복을 포함한다. 따라서 행복 혹은 잘 산다는 것은 고립된 개체로서의 나의 행복이 아니고 친구와 교제하는 자아로서의 나의 행복이다.

타인의 행복을 포함하는 행복의 개념은 『니코마코스 윤리학』 제1권 제7장의 좋은 삶의 자족성에 관한 아리스토텔레스의 언급

온라인 친구와 아리스토텔레스의 친구 사랑의 철학

에 들어 있다. 좋은 삶은 자족적인 삶이다. 이 말에는 좋은 삶에는 아무것도 결여하고 있지 않음이 함의되어 있다. 따라서 좋은 삶에 다른 좋음이 보태지더라고 좋은 삶이 더 바람직한 삶이 되지는 않는다. 하지만 친구는 삶을 자족적인 삶으로 만드는 좋음 중의 하나이기 때문에 좋은 삶은 타인에 의존할 수밖에 없고 타인과 엮일 수밖에 없다.

> 자족성이란 자기 혼자만을 위한 자족성, 고립된 삶을 살아가는 사람의 자족성이 아니다. 부모, 자식, 아내 그리고 일반적으로는 친구와 동료 시민을 위한 자족성이다. 왜냐하면 인간은 본성상 사회적이기 때문이다. (NE 1.7)

아리스토텔레스가 심중에 두고 있는 자족성은 단순히 사는 것과 관련되는 자족성이 아니라 잘 사는 것과 관련되는 자족성이다. 따라서 도덕 친구 사이의 사랑은 우리를 단순히 살게 하는 것이 아니라 우리를 잘 살게 한다. 아리스토텔레스는 『니코마코스 윤리학』 제9권 제9장에서 친구 사이의 사랑과 자족성의 관계를 다시 언급한다. 친구가 없는 사람, 아마도 혼자 사색을 하면서 살아가는 사람은 물질적 조건의 측면에서는 자족적일 수 있다. 하지만 그는 좋은 활동과 관련해서는 결코 자족적일 수 없다.

아리스토텔레스의 결론은 이렇다. 자족적이거나 고독을 즐기는 사람은 삶의 수단 혹은 삶의 도구로서의 다른 사람을 필요로 하지 않을 수도 있지만 목적들을 공유하고 삶을 함께 설계하기 위하여 우리는 다른 사람을 필요로 한다. 우리에게 아무것도 필요하지 않을 적에는 즐거움을 공유하기 위하여 다른 사람을 찾는다. 필요한 것이 있을 때보다는 자족적일 때 다른 사람에 관하여 더 잘 판단할 수 있다. 우리는 우리와 삶을 공유할 가치가 있는 친구를 가장 필요로 한다.

친구의 존재 목적에 가장 잘 부합하는 사랑은 좋음과 이익을 공유할 수 있는 동반자를 우리에게 마련해 준다. 진실로 자족적인 삶은 이런 식으로 행복을 공유하는 삶이다.

도덕 친구를 선택한다는 것은 '제2의 자아'를 선택하는 것을 의미한다. 제2의 자아는 우리의 헌신과 목적의 의미를 공유하는 사람이며, 무엇을 궁극적으로 좋고 즐거운 것으로 여기는지의 의미를 공유하는 사람이다. 이러한 목적들을 함께 추구하는 가운데 우리는 다른 사람을 파트너로서 선택한다. 그렇게 함으로써 우리는 타인에 대한 헌신을 중심으로 우리의 삶을 이끌어 간다.

자족적인 학문	그 학문의 영역에서 제기될 수 있는 모든 물음에 대한 답을 가지고 있는 학문
자족적인 삶	보탤 것을 아무것도 결여하고 있지 않은 삶

3. 덕으로서의 친구 사랑

품성이 탁월한 친구 간의 사랑이 왜 또 하나의 탁월한 품성인가? 달리 말해서 도덕 친구 간의 사랑이 왜 또 하나의 덕인가? 이 물음에 대답하기 위해서는 선(善)에 대한 아리스토텔레스의 설명을 이해해야 한다.

아리스토텔레스에 의하면 인간의 존재 목적은 일정한 종류의 삶을 구축하는 것인데, 그것은 바로 '이성을 따른 혼의 활동'을 통해 실현된다. 이성을 따른 혼의 활동이란 이성을 따른 삶을 의미한다. 이성의 기능은 여러 가지다. 본성상 고귀한 것을 인식하는 기능도 있고, 우리 자신의 노력으로 해낼 수 있는 일에 대하여 혹은 빈번하게 일어나지만, 결과가 불확실하고 비결정적인 요소를 포함하고 있는 일에 대하여 헤아리는 기능도 있고, 감정과 욕망과 욕구를 조절하는 기능도 있다. 이 각각의 이성적 기능을 탁월하게 발휘할 수 있는 능력에 대하여 아리스토텔레스는 각기 다른 이름을 부여하고 있다. 본성상 고귀한 것을 잘 인식하는 사람은 '관조적 지성'(그리스어 소피아)을 소유하고 있는 사람이고 실천적 문제에 관하여 잘 헤아릴 줄 아는 사람은 '실천적 지성'(그리스어 프로네시스)을 소유하고 있는 사람 즉 실천적으로 지혜로운 사람이며 감정과 욕망과 욕구를 잘 조절하는 사람은 절제나 용기나 정의나 친구 사랑과 같은 '도덕적 품성'(덕)을 소유하고 있는 사람이다. 도덕적 능력인 덕은 혼의 이성적 부분에 자리할 수도 있고 비

이성적 부분에 자리할 수도 있다. 그래서 아리스토텔레스는 도덕적 능력을 지성의 덕과 품성의 덕으로 구분하고 있다.

덕	
지성의 덕	관조적 지성 (소피아) 실천적 지성 (프로네시스)
품성의 덕	도덕적 품성 (절제, 용기, 정의, 친구 사랑)

인간의 존재 목적은 이성을 따른 혼의 활동이라는 전제로부터 출발하여 윤리학을 체계적으로 발전시켜 나가는 가운데 아리스토텔레스는 중요한 결론에 도달한다.

인간의 선은 덕을 따른 혼의 활동이다. 그리고 덕이 한 개 이상 있다면, 인간의 선은 가장 좋고 존재 목적에 가장 잘 부합하는 덕을 따른 혼의 활동이다. (NE 1.7)

그렇다면 인간의 선을 성취하기 위해서 인간은 자신의 혼이 인간의 존재 목적에 가장 잘 부합하는 덕과 조화를 이루는 방식으로 행동해야 한다. 다시 말해서 덕이 행동을 통해서 그때그때 발휘되는 삶을 살아야 한다. 덕에 관한 이와 같은 설명은 아리스토텔레스가 최초로 개척한 것이며, 오늘날 덕 윤리학이라고 지칭된다. 덕 윤리학과 아리스토텔레스 윤리학의 차이는 덕 윤리학이 도덕적 행위의 목적인 행복을 고려하지 않는다는 사실에 있다.

자신의 혼이 인간의 존재 목적에 가장 잘 부합하는 덕과 조화를 이루는 방식으로 행동하는 사람이란 고귀하고 올곧은 행위를 목표로 하는 사람이다. 예를 들어

용기 있는 사람은 인내하고 두려워하는 것이 필요한 것들에 대하여 올바른 목적을 위해, 올바른 방법으로, 올바른 때에 인내하고 두려워하는 사람이다. 과감함이 필요한 것들에 대해서도 용기 있는 사람은 이와 유사한 방식으로 과감함을 보여준다. 왜냐하면 용감한 사람은 가치에 걸맞게 느끼고 행하며, 또 이성이 명령할 바대로 느끼고 행하기 때문이다. … 용기는 고귀하다. 그러므로 용기 있는 행동의 목적도 고귀하다. 왜냐하면 각각의 사물은 그 목적에 의해서 정의되기 때문이다. 그러므로 용기 있는 사람은 고귀함을 위해 인내하고 용기 있게 행하는 것이다. (NE 3.6)

이처럼 때와 장소, 대상, 상대방, 동기, 방법 등과 관계하여 올바르게 느끼거나 행동함으로써 덕이 형성된다. 아리스토텔레스는 거의 모든 덕이 양극단(과도와 결핍)의 중간을 준수하는 품성임을 발견한다. 그래서 아리스토텔레스는 덕을 중용이라고 명명한다. 중용 중의 어떤 것들은 한 극단 혹은 다른 극단에 더 가까이 있어서 중간이 가변적이기는 하지만, 대부분 상황에서 실천적인 문제에 지혜롭게 대처할 수 있는 사람 즉 '실천적 지성'(그리스

어 프로네시스)을 지닌 사람이나 도덕적으로 선한 사람이 인식하는 중간이 존재한다. 아리스토텔레스 자신도 덕에 대한 이러한 설명이 완벽한 설명은 아님을 알고 있었다. 왜냐하면 앙심이나 질투, 간통이나 살인 등과 같이 본래부터 나쁜 감정이나 나쁜 행동의 경우에는 올바르게 느끼거나 행동하는 중간 방식이 존재하지 않는다는 것을 아리스토텔레스도 알고 있었기 때문이다. 중용(中庸)이라는 말은 아리스토텔레스가 사용하고 있는 그리스어 메소테스를 일본학자들이 한자로 새긴 말이며 영어로는 흔히 'Golden Mean'(황금 평균)으로 새겨진다. 중용으로서의 덕에는 방금 살펴본 용기 이외에 절제, 정의, 긍지, 익살, 아량, 관대함 등등이 포함된다. 품성이 탁월한 친구 사이의 사랑 역시 덕의 목록에 포함되지만, 품성이 탁월한 친구 사이의 사랑은 다른 덕보다 더 복합적이다. 왜냐하면 품성이 탁월한 친구 사이의 사랑은 정의나 관대함과 같은 다른 덕들과 외적 선(신체와 혼 밖의 선)의 결합이기 때문이다.

품성의 덕	
중용으로서의 덕	용기, 절제, 정의, 긍지, 익살, 아량, 관대함
친구 사랑	중용으로서의 덕 + 신체와 혼 밖의 선 (친구, 부, 가문, 명예)

아리스토텔레스에 의하면 선에는 세 가지 유형이 있다. 혼의 선, 신체의 선, 신체와 혼 밖의 선이 그것들이다. 오늘날의 용어로 말하자면 신체와 혼 밖의 선과 신체의 선은 그 자체로서는 도덕

적 가치가 없다. 혼의 선에는 이성적 혼 부분의 활동에서 비롯하는 선과 이성이 없는 혼 부분의 활동에서 비롯하는 선이 있다. 이 중에서 이성적 혼 부분의 지성 중의 하나인 프로네시스를 따른, 이성이 없는 혼 부분의 활동만이 도덕적 가치를 지니는 선이다. 세 가지의 선 중에서 혼의 선이 선의 존재 목적에 가장 잘 부합하는 선이며 다른 선들보다 더 큰 선이다.

혼의 선보다는 열등하지만, 우리의 삶에 영향을 미치는 신체와 혼 밖의 선들이 많다. 도덕 친구, 좋은 가문, 명예 등이 그 예이다. 신체와 혼 밖의 선들은 우연적 성질에 불과하다. 신체의 선은 가장 낮은 등급의 선인데, 여기에는 건강, 외모 등이 포함된다. 하지만 아리스토텔레스는 신체와 혼 밖의 선과 신체의 선이 지니는 가치를 인정한다.

> 행복하기 위해서는 혼의 선 이외에 신체와 혼 밖의 선이 필요하다. 왜냐하면 우리에게 자원이 없으면, 고귀한 행동을 할 수 없거나 고귀하게 행동하기가 쉽지 않기 때문이다. 혼의 선들이 최고의 자리를 차지하고 있지만, 친구 사랑이라는 도덕적 품성을 형성하기 위해서는 혼의 선만으로는 충분치 않다. …… 용모가 추하거나 가문이 나쁘거나 고독하거나 자식이 없으면 온전히 행복하기 어렵다. 자식이나 친구가 완전히 나쁜 사람이라면 혹은 친구나 자식이 좋은 사람이긴 하지만 지금은 죽어서 없다면, 아마도 우리는 덜 행복할 것이다. (NE 1.8)

이 대목에서 아리스토텔레스는 신체와 혼 밖의 선 혹은 우연적 선의 한 예로서 친구를 인용하고 있다. 아리스토텔레스는 자식이 완전히 나쁘게 되거나 좋은 친구가 죽는 것은 때때로 개인의 통제력을 넘어서는 것임을 인정한다. 이런 의미에서 친구는 신체와 혼 밖의 선 혹은 우연적 성질임이 틀림없다. 만약 우리에게 친구가 없다면, 우리가 열등한 사람이거나 불운한 사람일 수도 있다. 하지만 친구가 없다고 해서 우리가 도덕적으로 반드시 나쁜 사람인 것은 아니다. 그렇다면 왜 친구가 필요한가? 아리스토텔레스의 논의를 따른다면, 더 잘살기 위해서다.

아리스토텔레스에 의하면 존재 목적에 가장 잘 부합하는 친구들은 서로의 덕에 이끌릴 뿐만 아니라 서로의 도덕적 자질을 본보기로 삼는다. 그뿐만 아니라 참된 친구에게는 친구가 나쁜 행동을 하지 못하도록 해야 할 의무가 있다. 어떤 사람이 진정 우리의 친구라면, 그 사람은 절대적으로 선해야 할 뿐만 아니라 우리를 위해서도 선해야 한다. 이처럼 아리스토텔레스에게는 긍정적 영향을 미치는 것이 친구의 주요한 기능이다. 존재 목적에 가장 잘 부합하는 친구들은 탁월하지 않은 품성의 확산을 함께 효과적으로 막을 뿐만 아니라 덕을 계발할 수 있는 여건을 조성한다.

테오그니스도 말했듯이 도덕적으로 선한 사람들과 함께 삶으로써 덕을 연마할 수 있다. (NE 9.9)

테오그니스는 BC 6세기경에 살았던 그리스의 서정 시인이
었다.

행복한 삶 = 좋은 인식 활동 + 좋은 실천 활동 + 좋은 감정 활동		
행복한 삶을 위한 조건		
혼의 좋음(선)	신체의 좋음(선)	신체와 혼 밖의 좋음(선)
탁월한 지성 + 탁월한 품성	건강, 힘, 외모	부(富), 가문, 친구, 명예

4. 도덕 친구와 정의(正義)

사람들이 친구라면 더 이상 정의가 필요하지 않다. 하지
만 정의로운 사람들 사이에서는 추가로 친구 사랑이 필요하다.

(NE 8.1)

친구 사랑과 정의의 관계를 언급하고 있는 아리스토텔레스의
이 말에는 윤리학적으로 매우 중요한 것이 함의되어 있다.

첫째, 온갖 덕의 총화(總和)인 정의가 없이는 품성이 탁월한 친
구 간의 사랑을 실천할 수 없다. 다시 말해서 품성이 탁월한 친
구 간의 사랑이 존재하는 곳에는 언제나 정의 역시 존재한다는 것이
다. 아리스토텔레스는 다음과 같이 말하면서 자신의 주장을 강화
하고 있다.

친구가 친구에게 어떻게 처신하며 살아야 하는지의 문제
는 어떻게 살아야 정의롭게 사는지의 문제와 다르지 않다. (NE
8.12)

정의는 품성이 탁월한 친구 간의 사랑을 실천하게 함으로써
친구 관계를 지탱하게 한다. 따라서 진정한 친구를 얻기 위해서는
정의가 무엇인지를 알아야 하며 정의를 수립하는 방법을 알아야
한다. 그렇게 하지 않으면 호의는 있지만 친구로서 어떻게 행동해
야 하는지에 대한 실천적 지침을 얻지 못할 것이다. 이런 의미에
서 정의는 품성이 탁월한 친구 간의 사랑을 실천하기 위한 선행
조건이 된다.

둘째, 넓은 의미에서 정의가 온갖 덕의 총화일지라도 품성이
탁월한 친구 간의 사랑은 정의 이상의 그 무엇이다. 품성이 탁월
한 친구 간의 사랑을 실천하는 사람들은 이미 정의로운 사람들이
다. 하지만 품성이 탁월한 친구 간의 사랑을 실천하는 사람들은
정의로운 사람들이 할 수 없는 일을 할 수 있다. 가령 호의의 표
명에 있어서 품성이 탁월한 친구 간의 사랑을 실천하는 사람들의
주요한 특징은 친구로부터 사랑받는 것이 아니라, 친구를 사랑하
는 것이다. 그 반면에 정의는 공과(功過)에 따라 엄격하게 주고받
을 것을 요구한다. 이런 의미에서 품성이 탁월한 친구 간의 사랑
은 불평등한 관계에서도 존재할 수 있지만 정의의 목적은 불평등
의 개선이다.

온라인 친구와 아리스토텔레스의 친구 사랑의 철학

친구 사랑을 더 잘 이해하기 위한 수단으로서 정의를 탐구하고 있는 『에우데모스 윤리학』 제7권에서 아리스토텔레스는 이렇게 말하고 있다.

> 만약 누군가가 사람들에게 정의롭지 않은 행동을 못 하게 하고 싶다면, 그 사람들과 친구가 되는 것으로 충분하다. 왜냐하면 참된 친구들은 서로에게 나쁜 행동을 하지 않기 때문이다. 사람들이 정의로운 사람들이라면, 그들은 정의롭지 않게 행동하지 않을 것이다. 그러므로 정의와 친구 사랑은 같은 것이거나 거의 같은 것이다. (EE 7)

아리스토텔레스는 여기에서 참된 친구는 서로에게 정의롭지 않게 행동하지 않으며 정의롭지 않게 행동할 수도 없다는 원리를 제시하고 있다. 정의의 원리가 곧 친구 사랑의 원리라는 것이다. 아리스토텔레스가 품성이 탁월한 친구 간의 사랑에 부여하는 윤리학적 가치와 힘이 이 대목에서 더욱 분명해진다.

아리스토텔레스에 의하면 남편과 아내, 일반적으로 친구와 친구가 상호 어떻게 처신하며 살아가야 하는지의 문제는 어떻게 처신해야 서로를 위한 정의인지의 문제와 다르지 않다. 가장 좋은 친구들은 서로에게 마땅히 주어져야 하는 것만큼 서로에게 주며, 친구에게 정의롭게 행동하도록 강요받을 필요가 없다. 친구들은 서로가 번창하길 원하고 사심 없이 서로 돕기 때문이다.

『니코마코스 윤리학』 제5권에서 아리스토텔레스는 정의의 세 가지 요소 즉 호혜, 시정, 분배를 설명하고 있다. 호혜적 정의는 거래되는 것은 모두 동등한 가치가 있다고 요구한다. 시정적 정의는 동등한 가치를 되찾아줌으로써 가해자가 피해자에게 손해를 완전하게 보상해야 한다고 요구한다. 분배적 정의는 동등한 것은 동등하게, 동등하지 않은 것은 그것에 비례해서 동등하지 않게 취급되어야 한다고 요구한다. 하지만 이 모든 규칙은 모호하다. 우리는 누가 누구와 동등한지 물어볼 수 있으며, 무엇이 무엇과 동등하게 취급되거나 무엇과 무엇이 동등한 가치를 가지는지 물어볼 수 있다. 친구 관계의 구조가 그 답을 제공한다. 친구 관계는 즐거움, 유익함, 고귀함을 위해 노력하는 협력의 관계이다. 친구 사랑의 목표가 친구 관계 내에서 무엇이 가치 있는지를 결정한다. 각 친구 관계의 근본적 가치가 누구와 무엇을 동등한 것으로 간주해야 하는지를 결정한다. 예를 들어 사업상 파트너의 경우에 동등한 사람은 친구 관계를 위해 동등한 금전적 자원을 기부하는 사람들이며, 동등한 몫은 금전적으로 측정된다. 따라서 '동등함'이라는 용어는 친구 관계에 따라 상대적으로 정의된다.

친구 사랑과 정의의 또 다른 관계는 정치체제에 관한 아리스토텔레스의 논의에 들어 있다. 정치체제에는 군주정과 귀족정과 명예정이 있다. 이들로부터 타락한 정치체제인 참주정과 과두정과 중우정(衆愚政)이 파생된다. 더 정의로운 정체일수록 시민들 간의 친구 사랑은 그만큼 더 많이 나타난다. 이것은 정의가 친구 사랑에 선행한다는 논점을 강화한다. 정의로운 정치체제는 법률을 통해서 시민들의 품성을 탁월하게 만드는 정치체제이다. 정의로운 정치체제는 잘 사는 데 꼭 필요한 친구 사랑 즉 품성이 탁월한 사람들 간의 사랑을 위한 토대가 된다.

5. 도덕 친구의 윤리학적 함의

아리스토텔레스의 윤리학적 체계에서 가장 중요한 개념은 인간의 최고선 즉 행복이다. 아리스토텔레스에 의하면 행복은 덕들을 따른 혼의 활동이요, 덕 중에서도 가장 중요한 품성이 바로 품성이 탁월한 친구 사이의 사랑이다. 품성이 탁월한 친구 사이의 사랑은 정의나 관대함과 같은 다른 덕들과 신체와 혼 밖의 선들이 결합한 또 하나의 덕이기 때문이다. 존재 목적에 가장 잘 부합하는 친구들은 탁월하지 않은 품성의 확산을 효과적으로 막을 뿐만 아니라 탁월한 품성을 계발할 수 있는 여건을 조성한다.

따라서 아리스토텔레스의 윤리학적 체계 내에서는 잘살기 위해서 도덕적 가치를 사랑하는 친구가 필요하며, 도덕성을 형성하는 데도 그런 친구가 중요한 역할을 한다. 아리스토텔레스를 따른다면, 우리는 정의롭게 살아야 하듯이 도덕적 가치를 사랑하는 사람들을 사랑하면서 살아야 한다. 품성이 탁월한 친구 사이의 유대를 통해서 행복(잘 삶)이 성취되기 때문이다. 아리스토텔레스는 품성이 탁월한 친구 사이의 사랑에 관한 논의를 마무리할 즈음에 이렇게 말하고 있다.

> 행복한 사람에게 좋은 모든 것을 수여하면서 신체와 혼 밖의 좋은 것 중에서 가장 큰 것으로 여겨지는 친구(도덕적 가치를 사랑하는 친구)를 행복한 사람에게 주지 않는 것은 불합리하다.
>
> (NE 9.9)

온라인 친구와 아리스토텔레스의 친구 사랑의 철학

제5장

소통 기술과 친구

친구는 제2의 자아이다.
—아리스토텔레스

친구 사랑에 관하여 아리스토텔레스가 설명하고 있는 것 중의 대부분은 역사적으로 다양한 관점에서 그 의의가 조명되어 왔다. 하지만 간과되었던 부분도 있다. 이 부분은 오늘날의 소통 기술(커뮤니케이션 테크놀로지)이 아리스토텔레스의 설명에 가하는 뚜렷한 위협 때문에 역설적으로 아리스토텔레스의 선견지명을 엿볼 수 있게 하는 대목이다. 그것은 바로 '진정한 친구는 함께 살아야 한다.'라는 아리스토텔레스의 주장이다.

기술적으로 매개된 소통이 진정한 친구 사랑에 도움이 될 수도 있다. 그러나 기술적 매개를 통해서는 진정한 친구 관계가 생겨날 수도 없고 진정한 친구 관계를 온전하게 유지할 수도 없다. 왜냐하면 진정한 친구들은 함께 살면서 활동을 공유하고 활동을 공유함으로써 도덕적으로 발전한다는 것을 직접적으로 지각할 수 있어야 하는데, 기술적으로 매개된 친구 사이에서는 그렇게 할 수 없기 때문이다.

1. 도덕적 발전과 소통

아리스토텔레스에 의하면 우리는 가까운 지인들을 볼 때 우리 자신을 더 잘 볼 수 있다. 그래서 아리스토텔레스는 우리에게 거울로서 기능하는 '제2의 자아'(그리스어 헤테로스 아우토스) 즉 친구가 있어야 할 것을 요구한다. 우리의 얼굴을 보고자 할 때 우리는 거울을 본다. 마찬가지로 우리 자신을 알고자 할 때 우리는 친구를 봄으로써 우리 자신을 이해할 수 있다. 왜냐하면 친구는 제2의 자아이기 때문이다. 그리스어 '헤테로스 아우토스'의 글자 그대로의 의미는 '다른 자아'이다. '제2의 자아'로 의역되기도 한다.

아리스토텔레스가 '제2의 자아'라는 말로 무엇을 의미하고자 했는지는 분명하지 않다. 그러나 분명한 것도 몇 가지 있다. 첫째, 제2의 자아는 틀림없이 품성이 탁월한 자이며 거울 역할을 하기 위해서 도덕적으로 비슷한 수준에 있는 자이다. 둘째, 품성이 탁월한 사람은 자기의 다른 자아에 자기를 비추고 다른 자아와 교류하는 데서 즐거움을 얻는다. 셋째, 진정한 친구는 단순히 친구가 외적으로 소유하고 있는 것들을 사랑하는 사람이 아니다. 넷째, 진정한 친구와 그의 다른 자아는 타자의 장점을 인지하고 타자의 장점이 자기의 것으로 되도록 습관을 형성하는 가운데 타자의 장점이 자기 몸에 배도록 함으로써 서로가 더 좋은 사람이 되도록 한다. 이런 의미에서 진정한 친구들은 그들 친구의 다른 자아들이다. 자족적인 사람 즉 보탤 것이 아무것도 없는 사람에게조

온라인 친구와 아리스토텔레스의 친구 사랑의 철학

차도 다른 자아가 필요하다. 왜냐하면 우리 자신에 대한 앎을 반영할 다른 자아가 우리에게 없다면 우리는 우리 자신을 아는 것이 즐겁다는 사실을 알 수 없기 때문이다.

도덕적 발전은 자기 이해에 근거를 두고 있으며, 우리는 진정한 친구를 통해서만 우리 자신을 이해할 수 있다. 진정한 친구들은 품성이 탁월한 사람들이고 선을 추구하는 사람들이기 때문에 그리고 여러 가지 방식으로 빈번하게 타인과 교류하고 타인을 인지하는 사람들이기 때문에, 진정한 친구들은 각각의 친구가 타인이 도덕적으로 발전할 수 있는 방식을 인지할 기회를 제공한다. 하지만 진정한 친구와 아주 유사한 상황에 있다는 사실이 도덕적 발전의 충분조건은 아니다.

> 친구가 존재한다는 것을 친구와 더불어 지각하는 일이 필요한데, 이것은 함께 살며 서로 말과 생각을 나누는 일을 통해 성립한다. 인간에게 있어서 함께 산다는 것은 가축의 경우처럼 같은 공간에서 함께 먹고 산다는 것이 아니라 같은 공간에서 서로 말과 생각을 나누는 것을 의미하는 것으로 보이기 때문이다.
>
> (NE 9.9)

함께 사는 것이 진정한 친구 사랑의 충분조건은 아니지만, 함께 사는 것은 진정한 친구 사랑의 필요 조건이다. 왜냐하면 진정한 친구가 되기 위해서는 서로 지각하고 직접 소통할 필요가 있기 때문이다. 그런데 전적으로 기술을 통해서 진정한 친구 사랑이 존재하게 되는 것은 불가능하다. 왜냐하면 순전히 기술을 통해서는 서로 지각하거나 직접 소통하는 것이 불가능하기 때문이다. 특히 공동 활동을 통해서 도덕적 발전을 꾀하는 일과 관련해서는 더욱 그러하다.

2. 여과된 소통

거울은 우리의 상(像)을 비춘다. 거울의 질에 따라 정확한 상에 근접하는 정도가 달라진다. 도덕 친구 즉 존재 목적에 가장 잘 부합하는 친구들은 각자 자기의 '품성적 탁월함'(덕)을 보는 것으로부터 즐거움을 얻기도 하지만 상대의 품성적 탁월함을 보는 것으로부터 즐거움을 얻기 위해서 서로를 바라본다. 그러나 도덕 친구는 또한 상대방이 자신을 주의 깊게 지각하고 있으므로 자신의 약점에 대한 피드백을 받기 위해서도 서로를 바라본다. 왜냐하면 도덕 친구들은 품성적으로 탁월한 사람들이며, 품성적으로 탁월하게 되기란 어려운 일이기 때문이다. 이것은 그들에게 아주 자그마한 결점조차도 비출 수 있는 최고의 질 좋은 거울이 필요하다는 것을 의미한다.

아리스토텔레스에 의하면 도덕 친구 관계에 있는 사람들은 품성적으로 탁월한 사람들이다. 그래서 그들은 각자 현실적으로 가능한 범위 내에서 질적으로 가장 좋은 거울을 가지고 있다. 특히 이 거울은 일정한 시간이 지나면 타인과의 활동을 통해서 더 정밀한 거울이 된다. 그렇지만 친구는 자신이 지각하는 것을 상대방에게 반영할 수 있을 뿐이다. 그래서 만약 친구가 상대방을 가장 정확하게 자신에게 반영하기를 원한다면, 친구와 상대방의 소통은 현실적으로 가능한 범위 내에서 가장 순수한 소통이라야 하며 자신과 거울인 상대방 사이에 아무것도 없다는 것을 확신해야 한다. 자신을 가장 크게 위협하는 것은 상대방을 정확하게 반영하지 못하게 됨이 아니라, 자신과 거울인 상대방 사이에 있는 그 무엇이다. 자신이 상대방을 정확하게 반영하고 있음을 확신하기 위해서는 거울이 질적으로 최고의 거울이어야 함과 동시에 자신과 상대방 사이에는 아무것도 없어야 한다.

친구가 친구와 함께 있을 때 그들은 직접적으로 서로 지각할 수 있다. 그들이 서로를 비추는 것은 즐거운 일이기도 하지만 도덕적 정보를 주고받는 일의 한 부분이기도 하다. 그들은 함께 있음으로써 각자 자기를 더 잘 이해하게 되고, 그들이 함께 있다는 사실은 도덕적 평가와 도덕적 발전을 위한 필요 조건이 된다. 친구와 친구가 서로 떨어져 있을 때는 상대방을 직접적으로 그리고 동시적으로 지각할 수단이 전혀 없다. 떨어져 있을 때 서로 소통할 수 있다면, 그들의 소통은 상대방에게 도달하기 전에 틀림없이 어떤 수단을 통하여 여과되어야 한다.

문자 기반 기술을 통하여 친구가 서로 소통할 때, 친구는 자기가 현재하고 있는 것 혹은 자기가 이미 했던 일을 상대방에게 문자로 전달한다. 그러나 친구가 상대방에게 전하는 문자의 대부분은 자기에게 일어났던 일에 대하여 우선 그 친구 자신에게 해석을 요구할 것이고, 그다음에 그 친구는 이것을 상대방에게 전할 것이다. 이때 그 친구는 자신에게 일어났던 일을 잘못 해석할 수도 있을 것이며, 상대방에게 거짓 정보를 전달할 수도 있을 것이다. 상대방이 거짓 정보를 받아 그 친구에게 응답할 때, 상대방은 실재와 부합하지 않는 메시지를 전해야 한다. 상대방에게 전달되었던 것이 실재와 부합하지 않았기 때문이다. 문자 기반 의사소통이 안고 있는 문제는 친구와 상대방 사이에 무엇인가가 존재한다는 것이며, 이것은 불가피하게 상대방이 친구를 부정확하게 비추도록 한다. 도덕 친구에게는 자기 이해 및 이어지는 평가와 수정을 위해서 거울이 필요하며, 이 거울의 역할을 하는 것은 바로 친구이다. 그렇지만 친구가 자기의 경험을 여과해서 상대방에게 보내고 상대방은 거기에 맞게 친구의 경험을 비출 때, 친구가 상대방으로부터 받는 정보는 중첩적으로 여과된다. 어느 한쪽의 여과 과정이 빗나가게 되면, 적절한 자기 이해와 도덕적 인식은 위험에 빠질 수밖에 없다.

아리스토텔레스는 도덕 친구들이라면 서로를 정확하게 이해할 수 있는 정보를 제공해야 한다고 생각한다. 그렇다면 아마도 아리스토텔레스는 (필연적으로 문자 기반 소통일 수밖에 없는) 중첩적 소통보다 (함께 있을 때 획득되는) 직접적 소통을 선호했을 것이다.

온라인 친구와 아리스토텔레스의 친구 사랑의 철학

전적으로 문자 기반 소통으로 지탱되는 관계는 중첩적 소통일 뿐이기 때문이다. 그 반면에 삶의 공유는 친구와 함께 많은 시간을 보내는 것에 상응하는 직접적 소통을 가능하게 해준다. 도덕 친구 사이의 소통이 언제나 직접적이지는 않다. 그들이 매 순간을 같이 보낼 수는 없으며, 그들 역시 어떤 수단을 통하여 중첩적으로 소통할 수도 있기 때문이다. 그렇지만 중요한 것은 전적으로 문자 기반 기술에 의해서만 맺어진 친구 관계 즉 아무런 기술적 매개가 없다면 서로에게 접근조차 하지 않는 친구 관계와는 달리 도덕 친구들은 적어도 일정 부분 직접적으로 소통하는 데에 초점을 두고 있다는 사실이다.

문자 기반 기술을 통해서 친구가 서로 도덕적으로 소통한다고 생각해 보자. 가령 A가 C, D와 점심 식사를 같이하는 동안 일어났던 일의 도덕적 타당성 문제를 친구 B와 논의한다고 가정해 보자. 이때 A와 B는 도덕 친구이고 C와 D는 A의 도덕 친구가 아니라고 가정하자. A는 B가 응답하기 전에 C, D와 점심 식사를 함께하는 동안 일어났던 일을 여과해서 B에 전달해야 한다. A는 품성적으로 탁월하고 통찰력이 뛰어난 사람이기 때문에 일반적으로 B가 수신하는 메시지는 실제로 일어났던 일과 같거나 비슷하다고 여과된다. 그렇지만 이 경우에 A는 실제로 일어났던 일과는 다르게 B에 설명할 가능성도 있다. 즉 A는 정직하게 그리고 자기가 지각했던 대로 이야기를 전달하지만, C와 D가 말했던 것과 행했던 몇 가지를 놓칠 수도 있다. A가 자신도 모르게 식당 종업원에게 부정적인 몸짓 언어를 구사했다고 가정해 보라. 식당 종업원은 몹시 불쾌했을 것이며 각자 서로에 의해서 점점 불쾌해졌기 때문에 상황은 통제할 수 없을 정도로 악화했을 것이다. A가 나쁜 짓을 하나도 하지 않았다고 주장한다면, B는 A가 설명하고 있는 것이 진실하다고 생각할 것이다. B는 결국 C와 D가 A가 했던 대로 행동하지 않았기 때문에 C와 D의 행동이 부적절했다는 A의 말을 곧이곧대로 믿을 것이다. 그와 같은 방식으로 A와 소통하는 가운데, B는 A에 조언한다. 지각에 기초한 A의 설명이 정확하다면 이 충고는 좋은 충고일 수도 있지만, A의 설명이 허위에 근거하고 있다면 이 충고는 나쁜 충고가 될 것이다. 만약 B가 A와 점심 식사를 같이함으로써 직접적으로 A에 접근했다면, A가 작은 사고를 당하는 것을 피하도록 도울 수 있었거나 나중에 A가 그 사건을 정확하게 평가하도록 도울 수 있었을 것이다.

인터넷 화상 통화 서비스는 여러 가지 점에서 문자 기반만의 기술과는 다르다. 그러나 문자 기반 기술과 마찬가지로 인터넷 화상 통화 서비스 역시 직접적 소통을 불가능하게 한다. B가 인터넷 화상 통화 서비스를 통해서 A가 C, D와 점심 식사를 같이하는 동안 일어났던 일에 대해서 A와 통화할 때, B는 A의 안구 회전이나 신체 움직임을 관찰할 수도 있다. 그러나 B는 점심 식사 때 어떤 일이 일어났는지를 자세하게 알 수는 없을 것이다. 왜냐하면 B는 여전히 A의 이야기에 의존하고 있을 뿐이기 때문이다.

3. 소통 기술의 함정

아리스토텔레스에 의하면 존재 목적에 가장 잘 부합하는 친구는 즐거움, 자기 이해, 도덕적 발전을 위해서 단순하고 직접적으로 제2의 자아에 접근해야 한다. 기술을 통한 중첩적 소통과 단순하고 직접적인 소통의 차이는, 이미지가 소통 기술을 통하여 매개될 때는 왜곡되거나 제대로 전달되지 않는다는 점이다. 특히 정치사회적이고 도덕적인 영역에서 더욱 그러하다. 또한 아리스토텔레스에 의하면 존재 목적에 가장 잘 부합하는 친구는 가능한 소통 형식 중에서 가장 정확한 형식의 소통에 접근해야 한다. 존재 목적에 가장 잘 부합하는 친구는 섬세한 도덕적 발전에 참여하고 있기 때문이다. 가상공간에서가 아니라 물리적 공간에서 다른 사람과 교류할 때, 우리는 단순하고 직접적인 소통을 하게 된다. 그리고 존재 목적에 가장 잘 부합하는 친구는 삶을 공유해야 한다. 존재 목적에 가장 잘 부합하는 친구에게는 상당한 정도의 직접적 소통이 필요하기 때문이다.

근대 이후 과학기술의 눈부신 발전으로 말미암아 우리는 존재 목적에 가장 잘 부합하는 친구라면 삶을 공유해야 한다는 아리스토텔레스의 요구조건을 접할 수 없었다. 앞으로도 계속해서 소통 기술의 발전이 아리스토텔레스의 이와 같은 요구조건을 실현하지 못하도록 방해할지도 모른다. 소통 기술이 우리를 사로잡아 물리적으로 떨어져 있는 사람들과의 관계를 확장할 수도 있다. 또한 소통 기술은 사람들을 한자리에 모아 많은 시간 동안 직접적으로 소통하도록 할 수도 있다. 소통 기술의 발전에 힘입어 우리는 이따금 주고받는 문자메시지를 통해서 단금지교를 유지할 수 있다고 믿음으로써 종종 우리 자신을 기만한다. 그러나 소통 기술을 통해서도 존재 목적에 가장 잘 부합하는 친구 관계가 맺어질 수 있다는 가설은 상상 속에서나 가능한 시나리오에 불과할 뿐이다.

온라인 친구와 아리스토텔레스의 친구 사랑의 철학

제6장

소셜 미디어를 통한 친구 사랑

누구에게나 친구는 누구의 친구도 아니다.
—아리스토텔레스

　최근에는 친구 간의 사랑이 일상생활을 하는 장소에서만 일어나는 것이 아니라, 소셜 미디어를 통해서도 일어난다. 그것도 꽤 오래된 일이다. 사람들은 인터넷에서 온라인 게임을 통해서 혹은 소셜 네트워킹 사이트를 통해서 혹은 온라인 커뮤니티를 통해서 다양한 방식으로 친구와 만날 수 있다. 신상 명세나 사적인 이야기를 서로 주고받음으로써 온라인에서 개인 간의 상호교류가 매우 빈번하게, 그리고 매우 강렬하게 일어나기도 한다. 하지만 소셜 미디어를 통해서만 지속하는 친구 사랑이 아리스토텔레스가 말하는 최고 수준의 친구 사랑에 도달할 수 있을지는 의문이다. 소셜 미디어를 통한 친구 사랑이 진정한 친구 사랑에 도달할 수 없는 이유를 해명하기 위하여 필자는 소셜 미디어 그 자체의 본성과 인터넷 사용자의 도덕적 품성(상호 존중과 정직함)에 주목할 것이다.

1. 진정한 친구 사랑

훌륭한 삶을 살아가는 데 있어서 특히 행복을 성취하는 데 있어서 '친구 사랑'이 어떤 역할을 하는지에 대한 아리스토텔레스의 분석은 인간관계에 관한 매우 영향력 있고 오랫동안 지속해 온 이론 중의 하나이다. 아리스토텔레스는 친구 사랑이 훌륭한 삶의 본질적인 구성 부분이라고 생각한다. 아리스토텔레스에 의하면 친구는 서로에게 호의(好意)를 품고 있다는 것과 서로 잘되기를 바라고 있다는 것을 확실하게 인식하는 사람이다.

아리스토텔레스는 친구 사랑을 포괄적으로 다음과 같이 정의하고 있다. 친구 사랑이란 서로 도덕적 품성, 즐거움, 유익함에 기반하여 이익을 공유하는 개인들 사이에서 호의와 애정을 상호 인정하고 호혜적으로 교환하는 것이다. 이러한 부류의 자발적인 연합과 더불어 아리스토텔레스는 비 선택적 관계인 가족 구성원이나 동료 시민 사이에 존재하는 애정과 배려도 친구 사랑의 범주에 들어간다고 말하고 있다. 친구 사랑에 대한 자신의 정의에 기초해서 아리스토텔레스는 이렇게 주장한다. 어떤 사람에게 친구의 자격이 있는지 없는지를 결정하는 세 가지 주요한 기준이 있다. 바로 도덕적 품성, 즐거움, 유익함이다. 세 가지 기준은 종종 중첩하기도 하는 친구 사랑의 세 가지 유형, 즉 상호 존중에 기반하는 사랑, 상호 즐거움에 기반하는 사랑, 상호 유익함에 기반하는 사랑으로 분류된다.

아리스토텔레스에 의하면, 이 중에서 첫 번째 유형의 친구 사랑이 다른 두 가지 유형의 친구 사랑보다 우월하다. 첫 번째 유형의 친구 사랑은 도덕적 품성에 기반하기 때문이다. 두 명의 친구가 존중하는 것은 상대방의 도덕적 품성이다. 첫 번째 유형의 친구 사랑에서 우리는 오로지 즐거움과 유익함만을 위해서가 아니라 본질적인 이유가 있어서 친구를 사랑한다. 우리를 웃게 하거나 비싼 선물을 사주거나 오페라 개막식의 가장 좋은 좌석을 예매해준다고 해서 그 사람을 친구로 선택해서는 안 된다. 오로지 유익하거나 즐거운 것만을 사랑할 때, 우리의 친구는 우리에게서 좋은 것을 확보하기 위한 도구가 될 뿐이기 때문이다. 우리에게 유익하거나 우리를 즐겁게 하는 사람만을 사랑하는 행동은 도덕적인 사람에게는 어울리지 않는다. 명성이나 아름다움이나 부와는 반대로 도덕적인 품성은 안정적이다. 그래서 우리의 도덕 친구가 어려운 시기를 보내고 있을지라도 우리의 도덕 친구에게는 여전히 우리가 존중하고 사랑하는 개인적 자질이 있을 것이다. 친구와 우리는 여전히 서로 좋아하고 기본적 가치를 공유하며 올바른 이유가 있어서 서로를 존중한다. 우리는 상대방에게서 도덕적 품성을 발견하고 그 도덕적 품성에 끌리며 서로가 선하기를 바란다. 필자는 이런 유형의 친구 사랑, 즉 상호 존중에 기반하는 친구 사랑을 '진정한 친구 사랑'이라고 명명하고자 한다.

진정한 친구 사랑에 관하여 부연할 것이 있다. 진정한 친구 사랑은 친구의 도덕적 품성에 대한 상호 존중과 비슷한 정도의 덕 공유에 기반하고 있다. 아리스토텔레스는 진정한 친구 사랑을 두 사람 간의 친구 사랑 중에서 최고의 형식으로 간주하고 있다. 사욕(私慾)에 더 많이 기반하고 있는 다른 두 유형의 친구 사랑과는 달리, 진정한 친구 사랑은 각각의 친구가 자기 자신을 위하여 상대방에게 관심을 가지는 것에 기반하고 있다. 진정한 친구 사랑은 외적인 요인과 도구적인 요인의 영향을 받지 않으므로 가장 지속적인 친구 사랑이다. 예를 들어 친구가 선물하던 것을 중단하거나 바둑을 함께 즐기던 친구가 바둑보다는 낱말 퀴즈에 더 많은 관심을 가짐으로써 그 친구에 대한 사랑의 강도가 줄어들면, 친구에게서 흥미를 잃을 수도 있다. 그러나 진정한 친구는 자신의 품성과 유사한 도덕적 가치에 대한 신념 때문에 친구를 사랑한다.

아리스토텔레스는 또한 친구가 행복의 도구로서 중요하다는 점을 인정한다.

> 행복 역시 '외적 선'(신체와 혼 밖의 선)을 필요로 하는 것은 명백하다. 자원이 없으면 우리는 좋은 행동을 할 수 없거나 쉽게 할 수 없다. 무엇보다도 우리는 수많은 행동에서 도구를 사용하듯이 친구, 부, 권력을 사용하기 때문이다. (NE 1.8)

더욱이 친구는 행복의 본질적이고 필수적인 구성 부분이다. 용모가 추하거나 좋은 가문의 태생이 아니거나 자식 없이 혼자 사는 사람은 온전히 행복하다고 하기 어려우며, 매우 나쁜 자식이나 친구를 둔 사람이나 좋은 자식과 좋은 친구였지만 지금은 죽어서 자식과 친구가 없는 사람은 온전히 행복하다고 하기가 더욱 어렵기 때문이다. 많은 경우에 사람들은 유익함의 친구이기도 하고 쾌락 친구이기도 하다. 도덕 친구 사이의 사랑에도 유익하거나 즐거운 측면이 있는데, 그렇다고 해서 유익함이나 즐거움이 도덕 친구 사이의 사랑을 오염시키는 것은 아니다. 아리스토텔레스에게 친구 사랑의 모범적인 사례는 상호 도덕적 품성을 인정하는 관계이자 동등한 지위를 가진 두 성인 사이에서 발생하는 관계이다. 도덕적 품성과 무관한 사람들 사이의 관계도 친구 사랑이라고 명명될 수 있지만, 그것은 열등한 형식의 친구 사랑이다.

2. 정체성 확인의 문제

온라인에서의 친구 사랑을 두고 철학자들이 논쟁을 벌이게 된 중요한 이유 중의 하나는, 온라인에서는 사람들이 의도적이든 비의도적이든 자신의 성격, 사상, 신념 등을 온전하게 드러낼 준비가 덜 되어 있을 수도 있다는 것이다. 사람들은 온라인에서 자신의 부정적인 특성이나 견해를 숨기고 긍정적인 특성이나 견해를 드러내고자 할 수도 있다. 어떤 사람이 다른 사람에게 자신의 참모습을 드러내는 방식으로 자신을 표현할 만큼 온라인에서 아주 정직하고 아주 개방적이라고 스스로 믿을지라도, 온라인 소통의 수많은 여과장치 때문에 실제로는 상황이 그렇지 않을 수도 있다. '온라인에서의 상호교류'라는 바로 그 본성 때문에, 온라인에서는 진정한 친구 사랑이 성취될 수 없다.

온라인에서의 상호교류에는 수많은 제한사항과 장벽들이 있다. 이것들은 온라인 친구의 정체성을 제대로 인식하는 데에 장애가 될 수 있다. 인터넷은 사람들에게 적절하다고 생각하는 이미지를 구축할 기회를 제공한다. 아마도 매우 긍정적인 시각에서 자신을 묘사함으로써 그렇게 할 것이다. 이것은 정체성을 구축하는 과정에 있는 젊은이들에게 매우 매력적일 수도 있다.

하지만 소셜 네트워킹 사이트에서는 규칙적으로 일어나는 일이 있다. 소셜 네트워킹 사이트사용자들이 오프라인에서도 이미 알고 있는 사람을 네트워크에서도 만난다는 사실이다. 그런데 오프라인에서도 알고 있는 사람을 페이스북에서 친구의 범위에 넣으면 정체성 형성 효과가 제한되거나 경감될 수 있다. 다음과 같은 일은 얼마든지 일어날 수 있기 때문이다. 오프라인 친구들은 자신들의 친구가 원래의 자기 모습보다 더 긍정적이거나 원래의 자기 모습과는 전혀 다른 이미지를 창출하고자 시도하는 것을 알게 된다. 예를 들어 페이스북에서 셰익스피어의 희곡을 아주 좋아한다고 하면서 세련된 이미지를 연출하고자 하는 10대의 어느 소녀가 있다고 하자. 그 소녀가 실제로는 셰익스피어의 작품을 전혀 읽은 적이 없다는 것을 알고 있는 오프라인 친구들이 그 소녀의 주장을 주목하지 않고 그냥 넘어갈 리가 없다. 소녀의 친구들은

온라인 친구와 아리스토텔레스의 친구 사랑의 철학

그녀가 언제부터 셰익스피어의 작품을 읽기 시작했는지 공개적으로 의문을 제기할 수도 있을 것이다. 이런 식으로 그 소녀의 주장이 거짓임을 밝힘으로써 소녀의 친구들은 많은 사람의 주목을 받을 수도 있을 것이다. 온라인에서는 장점만을 선택적으로 제시함으로써 혹은 서로 다른 정체성을 혼합함으로써 자아를 세련되게 하는 일이 얼마든지 일어날 수 있고 실제로 일어난다. 특히 대화방처럼 익명인 환경에서는 더욱 그러하다.

이를 예증하기 위하여 다음과 같은 시나리오에 대해서 생각해보자. 유정이와 보라는 온라인에서 오랫동안 대화해 왔으며 밀접한 유대관계를 맺고 있다. 유정이는 현실적 공간에서도 보라를 만나고 싶어 하지만, 보라의 태도는 모호하고 심지어 유정이의 요구를 무시하기도 한다. 이로 말미암아 유정이는 마음의 상처를 입는다. 그러던 중 유정이가 수영장에 갔을 때 우연히 보라를 만나게된다. 유정이는 보라와 공유하고 있던 사진으로 보라를 알아보게된 것이다. 보라는 교통사고를 당해서 신체적 장애가 있었으므로 수영장 트레이너의 도움을 받으면서 물리치료를 받고 있었다. 유정이는 이러한 사실을 모르고 있었다. 보라는 유정이에게 자신의 다른 모습을 보여주고 싶지 않았기 때문에 이러한 사실을 밝히지 않는 것을 선택했기 때문이다. 그렇다면 유정이와 보라의 친구 사랑은 진정한 친구 사랑일 수 없다. 완전하고 탁월한 친구 사랑은 두 사람이 모든 면에서 훌륭하고 고귀하고 탁월할 때만 획득될 수 있으며, 이것은 관련 정보를 제공하지 않거나 조작하는 것과 양립할 수 없기 때문이다. 유정이는 친구인 보라에 관한 이 중요한 사실을 모르고 있었으므로 보라를 정확하게 평가하는 데 필요한 모든 정보를 소유하지 않았다. 따라서 보라의 품성에 대한 유정이의 판단은 근거 없는 것이 되고 말았다. 보라에 대한 존중과 배려는 진실에 기반하고 있었던 것이 아니며, 따라서 유정이와 보라의 친구 사랑은 진정한 친구 사랑일 수 없다.

3. 삶의 공유 문제

아리스토텔레스에 의하면 누구든 잘 살기 위해서는 친구 및 자신과 가까운 타인을 필요로 한다. 일반적으로 말하자면 공유된 삶은 항상 우월하다. 잘 산다는 것과 사회적 활동이 분리될 수 없듯이, 혼자서 실천적 활동을 하는 것보다는 친구와 함께 실천적 활동을 하는 것이 훨씬 좋다. 아리스토텔레스에게는 경험을 양적으로 풍부하게, 같은 종류로, 질적으로 다양하게 공유하는 것이 진정한 친구의 본질적 요소였다. 달리 말해서 진정한 친구 사랑의 가장 중요한 측면은 되도록 함께 시간을 보내는 것이다.

아리스토텔레스에 의하면 친구는 우리에게 영감을 주고 우리를 도와주므로 친구 사랑은 우리를 도덕적으로 더욱 발전하도록 도와준다. 우리는 우리 자신을 직접 볼 때보다 가까운 지인들을 볼 때 우리 자신을 더 잘 볼 수 있고, 우리 자신의 행위보다 가까운 지인들의 행위를 통해서 우리 자신을 더 잘 볼 수 있다. 우리는 직관적으로 친구의 도덕적 품성과 나의 도덕적 품성이 비슷하다는 것을 알기 때문에, 우리는 친구를 통하여 우리 자신에 관한 객관적 견해를 얻는다. 그래서 '또 다른 나'인 우리의 친구를 봄으로써 우리는 우리 자신을 발견하게 된다. 이것은 진행되고 있는 과정이다. 우리는 살면서 변한다. 따라서 우리는 우리 자신의 궤적을 상실하지 않기 위하여 친구 사랑을 유지해야 한다. 친구 사랑은 도덕적 품성의 표현이요, 궁극적으로 행복을 위한 맥락 혹은 활동무대를 창출한다. 좋고 참된 친구는 서로를 위한 일을 한다. 그리고 서로를 위한 일을 교대로 하는 것은 아닐지라도 서로를 위한 일에 있어서 균형은 필수적이다. 하지만 우리가 친구를 위해서 하는 일은 우리 자신의 이익을 위해서가 아니라, 단지 또 다른 나로서의 친구를 위해서 행해진다. 우리의 행복이 어느 정도 친구에게 달려 있다는 의미에서, 따라서 우리의 운명 일부가 친구의 손에 있다는 의미에서 친구는 우리 자신의 연장(延長)이다.

이런 맥락에서 보면 온라인에서는 진정한 친구가 존재할 수 없다. 전적으로 기술적인 매개를 통해서는 진정한 친구가 창출될 수도 없고 유지될 수도 없으며, 기술적 매개를 통해서는 친구와 삶을 공유할 수 없기 때문이다. 이 삶의 공유는 우리에게 진실로 친구의 품성을 아는 데 도움을 주며, 따라서 우리가 도덕적으로 발전하는 데 도움을 준다. 아리스토텔레스는 진정한 친구들이 공유하는 활동의 종류를 나열하고 있다. 함께 술 마시고 함께 유희를 즐기고 함께 운동하고 함께 공부(철학)하는 것이다. 이러한 활동들을 공유함으로써 친구들은 도덕적으로 발전한다. 아리스토텔레스가 언급하고 있는 많은 활동은 온라인에서도 공유될 수 있다. 하지만 이런 활동들을 공유하는 온라인에서의 친구 사랑은 유익함에 기반을 두는 친구 사랑이거나 즐거움에 기반을 두는 친구 사랑일 수 있을 뿐이다. 진정한 친구들이 서로에게 제공하는 한 가지 즉 도덕적 품성은 기술적 수단을 통해서는 쉽게 획득될 수 없기 때문이다.

온라인만으로는 진정한 친구가 유지될 수 없으며, 가장 강렬한 종류의 온라인 인간관계조차도 오프라인에서의 의미 있는 교류와 병행되어야 한다. 친구들 간의 삶의 공유는 가상공간에서 공유하는 활동보다 질적으로 우월하며, 만약 두 친구가 다양한 활동에 함께 참여한다면 친구 사랑의 질도 훨씬 더 좋다. 일상생활에서 함께 시간을 보내는 두 사람은 넓고 다양한 상황들을 경험할 수 있으며, 결과적으로 사색할만한 가치가 있는 아주 넓은 범위의 주제들과 마주치기가 더 쉽다. 가상공간이 아닌 실제의 삶에서 우리는 예기치 못한 상황들과 우연히 마주치며, 즉시 그러한 상황들에 맞게 행동해야 한다. 인터넷에서는 이런 일이 좀처럼 일어나지 않는다.

우리는 다른 사람을 완전하고 풍부한 방식으로 지각할 수 있어야 한다. 마찬가지로 다른 사람도 우리를 완전하고 풍부한 방식으로 지각할 수 있어야 한다. 이것은 필연적인 유대관계를 창출한

온라인 친구와 아리스토텔레스의 친구 사랑의 철학

다. 이 유대관계는 다른 사람을 기만하거나 나쁜 품성을 숨기는 능력을 최소화하면서 충분한 감정교류와 목표교류를 가능하게 한다. 우리의 삶, 우리의 슬픔, 승리의 순간, 우리의 신념과 약점을 친구와 활발하게 공유하지 않고서는 우리의 친구 사랑은 아리스토텔레스가 말하는 최고 수준의 친구 사랑인 진정한 친구 사랑에 도달할 수 없다.

　주목할 만한 가치가 있는 것이 한 가지 있다. 진정한 친구로 발전하기 위해 삶의 공유가 중요하다고 주장하는 철학자들도, 오프라인에서 출발했지만 여러 가지 요인으로 말미암아 주로 온라인에서 진행되어야 하는 친구 사랑을 유지하는 데 있어서 인터넷이 수행할 수 있는 긍정적 역할에 동의한다는 사실이다. 오프라인에서 출발했지만, 시간과 환경으로 말미암아 지금은 주로 온라인에서 주고받는 친구 사랑도 오프라인에서 친구와 여러 활동을 공유하면서 시간을 함께 보낸 것을 기반으로 하기 때문이다. 이 경우 친구의 도덕적 품성의 좋음은 실제의 삶에서 형성되었기 때문에 이러한 친구 사랑이 온라인에서 유지되는 것은 어렵지 않다. 기술적 매개를 통해서 친구 사랑을 유지하는 것과 실제로 친구 사랑을 실천하는 것은 다르다. 물리적 근접성이 진정한 친구로 발전하기 위한 필요 조건임을 다시 한번 확인할 수 있다.

4. 막역한 친구와 진정한 친구

주로 소셜 네트워킹 사이트들을 사용하여 온라인에서 혹은 온라인에서만 친구 사랑을 추구하면 피상적인 종류의 친구 사랑으로 이어질 수밖에 없다. 타인과 접촉하는 방법을 학습 중인 젊은 이들에게는 온라인에서 친구를 사귈 기회가 수없이 많으며, 이들 중 대다수는 친구와 막역한 사이라고 믿는다. 하지만 막역함과 아리스토텔레스의 진정한 친구 사랑은 같은 것이 아니다.

소셜 네트워킹 사이트는 수백 명의 친구와 사귀는 것을 가능하게 한다. 상태 업데이트를 확인함으로써 친구들의 삶을 추적할 수도 있다. 하지만 이렇게 하더라도 진정한 친구 사랑이 생겨나는 것은 아니다. 친구 사랑이라는 덕이 없는 상태에서는 아무리 많은 사람과 교류하더라도 친구를 사랑할 수 없기 때문이다. 또한 진정한 친구로서의 신뢰와 유대감을 구축하기 위해서는 장기적이고도 끈끈한 교류를 통해서 친구의 도덕적 품성을 존중하고 사랑하는 능력 즉 친구 사랑의 덕을 함양해야 할 필요가 있기 때문이다.

5. 한정된 정보의 문제

아리스토텔레스는 친구 간의 상호 존중과 상호 사랑의 중요성을 강조한다. 양 당사자는 서로를 잘 알고 있어야 하며, 둘 다 서로에게 비슷한 감정을 품어야 한다. 하지만 소셜 미디어를 통한 친구 사랑은 종종 그렇지 않다. 다시 말해서 온라인에서는 서로의 사랑과 존중을 보장하기가 어렵게 된다. 왜 그런지를 살펴보기로 하자.

앞에서 설명했듯이 아리스토텔레스의 친구 사랑에는 세 유형이 있다. 세 유형의 친구 사랑은 모두 어느 정도 가치 있는 것으로 인정되지만, 가장 가치 있는 친구 사랑은 상호 존중에 기반한 친구 사랑이다. 진정한 존중과 사랑은 정직함을 요구한다. 쌍방은 자기 자신에 대해 진실을 말해야 한다. 그리고 쌍방이 똑같이 꾸미거나 이상화하는 일 없이 상대방을 친구로 볼 수 있어야 한다. 도덕적인 사람(혹은 적어도 도덕적이기를 열망하는 사람)을 상대하고 있다고 가정한다면, 노골적인 거짓말에 대한 우려는 줄어들 것이다. 인터넷에서 사람들을 기만하기는 쉽지만, 도덕적이기를 열망하는 사람들은 자기 자신이나 다른 사람들에 관한 허위 정보를 제공하려는 유혹을 받지는 않을 것이다.

하지만 소셜 커뮤니티 사이트들은 대화 시점, 대화 방법, 대화 시간의 측면에서 현실과는 다른 방식으로 친구를 선택하는 것을 허용하기 때문에 뜻하지 않게도 친구들은 특정한 상황에서만 의사소통할 수밖에 없다. 이렇게 되면 친구의 중요한 측면 혹은 잠재적으로 문제가 있는 측면을 놓친다. 그러므로 결국 친구의 전체가 아니라 일부를 흠모하고 사랑하게 된다. 물론 알려지지 않은 부분이 알려진 특성만큼 도덕적일 수도 있다. 하지만 한정된 정보에 기반하고 있다는 단순한 사실이 가상공간에서의 친구 사랑으로부터 진정한 친구 사랑의 자격을 박탈한다.

좀 더 자세히 살펴보기로 하자. 온라인에서는 선택적으로 자신을 묘사할 수 있으므로 행위자 중 한 명 또는 두 명 모두 상대방에 대한 완전한 지식보다 적은 지식을 갖게 될 수도 있고, 따라서 온라인 친구의 성격과 인격에 관해서 알기 위한 토대가 빈곤하다. 물론 그렇다고 해서 쌍방이 실제로 도덕적 품성이 없다는 뜻은 아니다. 하지만 상대의 선에 대한 믿음은 부정확하거나 불완전한 정보를 기반으로 할 수밖에 없다. 관련 정보를 주지 않는 것은 그 자체가 사악하다. 숨겨진 품성이 모범적이고 도덕적일 수도 있지만, 정보를 주지 않거나 정보를 왜곡할 기회가 증가했다는 것은 바로 그것이 온라인에서의 삶의 본질적 요소임을 보여준다. 따라서 온라인에서의 삶은 도덕적으로 문제가 있을 수밖에 없는 것이다.

아리스토텔레스적인 친구 사랑의 중요한 측면 중 하나는 호혜이다. 호혜는 친구가 더 나은 사람이 되는 것을 보고자 하는 욕망으로 나타난다. 아리스토텔레스에 따르면 선한 사람은 자신도 잘못을 범하지 않지만, 친구들이 잘못을 범하는 것을 막기 위해 노력한다. 참된 또는 최고의 의미에서 덕이 있는 친구는, 상대방이 도덕적 의지가 박약해서 부도덕하게 행동하고 싶은 유혹에 빠질 때 서로 도울 수 있다. 덕의 함양은 좋게 행동하게 하고 좋은 동기에서 행동하게 하는 엄격한 습관의 유지를 필요로 하는 부단한 과정이기 때문에, 우리의 좋은 습관이 위협받는 시기에 우리는 아주 쉽게 중대한 잘못을 범하게 된다. 이때 진정한 친구는 직간접적으로 우리를 도와준다. 직접적으로 친구는 가까이 머물러 있어 주거나 우리를 성급한 선택에서 벗어나게 한다. 간접적으로 친구는 우리가 어떤 유형의 사람이 될 것인지와 관련해서 매우 중요한 역할을 한다. 바로 이 점이 오늘날이나 아리스토텔레스의 시대나 친구의 존재 목적에 가장 잘 부합하는 사랑 즉 진정한 친구 사랑이 왜 중요한지를 설명해 준다. 덕을 추구하는 사람들은 같은 목표를 가진 친구를 사귀는 일이 큰 도움이 되지만, 친구는 호혜적 영향을 미치는 방식으로 존재해야 한다.

친구들 간의 이러한 호혜적 영향 중 일부는 소셜 미디어를 통해서도 제공될 수 있다. 누군가가 자신의 자선 활동에 대한 글을 포스팅한다면, 그 글은 그 사람의 친구들에게 타인에 대한 의무를 상기시킨다. 온라인 친구는 자신이 최근에 극복한 유혹의 일화를 소개할지도 모른다. 이 일화는 유혹적인 상황에 저항할 수 있는 우리의 능력을 새롭게 한다. 친구들과의 온라인 토론은 도덕적 결함을 드러낼 수도 있지만, 동시에 도덕적 결함이나 잘못을 시정할 기회를 제공하기도 한다.

이 점을 명확히 하기 위하여 다음과 같은 시나리오에 대해서 생각해 보자. 온라인 채팅 중에 철수라는 이름의 남자가 자신의 직장 동료와 바람을 피우고 싶어 하는 미묘한 징후를 친구인 동수가 포착했다고 가정하자. 탐욕적인 생각에서 비롯되는 나쁜 짓

들뿐만 아니라 아내와 자녀에 대한 헌신을 철수에게 상기시킬 기회가 동수에게 생겼다. 동수의 조언은 철수가 자신의 실수를 깨달아 도덕적 파탄을 피하는 데 도움이 될 수 있다. 얼핏 보면 이런 종류의 교환에는 친구 사랑이라는 덕이 필요 없는 것처럼 보인다. 하지만 동수가 제시하는 구체적인 조언은 동수의 품성에 따라 좋을 수도 있고 나쁠 수도 있다. 이곳이 아리스토텔레스의 최고 수준의 친구 사랑의 가능성이 중요해지는 지점이다. 만약 동수 자신이 이미 간통을 범한 적이 있는 사람이라면, 동수는 다른 사람의 간통을 비난하기가 어려울 것이다. 그렇다면 단순히 동수가 철수의 친구라는 사실만으로는 충분하지 않다. 우리에게는 우리가 좋은 결정을 내리도록 도와주고 그 결정이 긍정적으로 작용할 덕 있는 친구가 필요하다. 아리스토텔레스의 최고 수준의 친구 사랑을 하는 사람들은 유덕하게 될 가능성도 크고, 시간이 지남에 따라 그 덕을 유지할 가능성도 더 크다. 그러한 친구 사랑이 훌륭한 삶의 필수 부분이라는 아리스토텔레스의 믿음에 동의할 필요는 없다. 하지만 인터넷에서는 아리스토텔레스의 최고 수준의 친구 사랑에 도달하기가 어렵다는 사실을 인식할 필요가 있다. 인터넷에서는 그러한 친구 사랑에 도달하지 못하게 하는 장애물이 있기 때문이다.

그러한 장애물 중 하나는 온라인상의 사람들과 대화할 때 우리가 받는 피드백의 상대적 부족에서 비롯된다. 아리스토텔레스의 친구 사랑의 본질적 토대를 이루는 호혜적 영향은 쌍방이 서로를 충분히 체험할 수 있는 경우에만 가능하다. 이론상 그러한 친구들은 서로를 완전하게 개방해야 한다. 둘 다 유덕한 사람이기 때문이다. 온라인에서도 그러한 개방이 불가능하지는 않겠지만, 온라인에서는 그러한 개방이 억제될 수도 있다. 온라인상에서는 상대방을 완전히 볼 수 없거나 완전하게 체험할 수 없기 때문이다. 우리는 상대방이 우리에게 제공하는 정보, 즉 상대방이 스스로 선택하고 편집한 정보에 대해서만 알고 있을 뿐이다.

이 문제는 서로 관련되는 두 가지 방식으로 발생한다. 한 가지 방식은 의도적인 비노출이고 다른 한 가지 방식은 비의도적인 혼란초래이다. 노골적인 거짓말에서부터 단순한 정보 누락에 이르기까지의 모든 것이 의도적인 비노출에 포함된다. 거짓말은 여기서 흥미롭지 않다. 남을 의도적으로 속이는 사람은 아리스토텔레스의 친구 사랑을 추구하지 않기 때문이다. 하지만 인터넷에서는 정보를 쉽게 빠뜨릴 수 있다. 동수가 철수에 대한 정보를 업데이트 상태나 이메일 및 이와 유사한 공개 형식에서만 얻는다면, 동수는 철수의 모든 것을 제대로 알 수 없을 것이다. 철수가 중요한 정보를 빠뜨렸을지도 모르기 때문이다. 그런데 왜 친구에게 이런 짓을 했을까? 한 가지 간단한 설명은 이렇다. 많은 사람은 어려운 도덕적 결정을 비밀로 한다. 그래서 철수는 아내 몰래 바람을 피우고자 하는 유혹에 대해서 상태 업데이트를 할 수 없다. 물론 철수는 이메일을 보내거나 친구인 동수에게 직접 전할 수도 있었을 것이다. 철수가 자신의 도덕적 실패를 인정하고 적극적으로 친구의 충고를 구하고자 했다면 그렇게 했을 것이다. 이론상 유덕한 사람은 자신의 도덕적 실패에 대해서 정직할 것이다. 하지만 철수는 그렇게 하지 않았다. 철수의 생각에 접근할 수 있는 다른 방법이 전혀 없다면 동수는 모든 것이 잘못되었다고 판단하는 데 어려움을 겪을 것이다.

6. 낮은 수준의 친구 사랑

아리스토텔레스는 친구 사랑이 하나 이상의 형식으로 나타날 수 있으며, 더 나아가서 제한된 범위에서의 친구 사랑일지라도 나름대로 가치가 있음을 인정한다. '낮은 버전'이라고 명명할 수 있는 이런 종류의 친구 사랑이 쓸모없는 것도 아니고 전혀 가치 없는 것도 아니다. 따라서 당사자들이 그들의 관계를 친구 사랑의 최고의 형식 즉 진정한 친구 사랑과 혼동하지 않는다면, 제한된 범위에서의 친구 사랑도 추구할 가치가 있을 수 있다.

소셜 미디어를 통한 낮은 수준의 친구 사랑의 문제를 구체적으로 논의하기 위하여 비즈니스 전문 네트워킹 사이트와 소셜 커뮤니티 사이트를 비교해 보자. 전자가 사용자에게 사업상 상호 이익이 되는 방식으로 혜택을 제공하는 반면에 후자는 사용자에게 친구를 얻을 수 있고 다른 사람들과 의미 있고 깊은 사회적 관계를 맺을 수 있다고 약속한다. 하지만 이 약속은 공허한 메아리일 뿐이다. 그렇다고 해서 소셜 커뮤니티 사이트가 모든 가능한 시나리오에서 전혀 가치가 없음을 의미하는 것은 아니다. 적절하게 관리되면 소셜 커뮤니티 사이트들도 도구적인 의미에서 매우 구체적인 혜택을 제공할 수 있다. 예를 들어 소셜 커뮤니티 사이트에서의 만남이 실생활에서의 만남으로 이어진다면, 소셜 커뮤니티 사이트는 친구가 될 수 있는 사람들을 만나기에 정말 좋은 장소일지도 모른다. 더 나아가 소셜 커뮤니티 사이트는 친구 둘 다 시간이 부족할 때나 친구가 지리적으로 떨어져 있을 때 이미 존재하는 관계를 유지하는 유용한 방법이기도 하다. 그렇더라도 비즈니스 전문 네트워킹 사이트와 소셜 커뮤니티 사이트 간에는 중요한 도덕적 차이가 있다. 이용자에게 상호이익이 되는 비즈니스 전문 네트워킹 사이트는 친구 사랑의 낮은 형식을 수립하기 위한 좋은 수단이 될 수 있다. 그 반면에 소셜 커뮤니티 사이트는 낮은 친구 사랑의 기준에도 미치지 못한다. 소셜 커뮤니티 사이트들도 때때로 사용자 서로에게 이익이 될 수 있다는 점을 인정해야 하지만, 소셜 커뮤니티 사이트의 일부 사용자는 가상공간에서의 친구에게 잘못 기대할 수도 있고, 가상공간에서의 친구에 관하여 잘못 판단할 수도 있다.

이 점을 예증하기 위하여 다음과 같은 시나리오에 대해서 생각해 보자. 민경이는 온라인에서 만난 두 명의 친구(승미와 지혜)가 있다. 민경이와 승미는 비즈니스 전문 네트워킹 사이트인 링크트인의 채팅 포럼에서 처음 대화를 시작했다. 그들은 정기적으로 연락한다. 둘 다 변호사이므로 그들은 잠재 고객들에 대한 법률서비스를 서로 추천하는 일도 있었다. 모든 점에서 이것은 서로에게 유익한 관계이며, 따라서 가치 있는 낮은 친구 사랑의 좋은 예이다. 민경이의 두 번째 친구 지혜는 식물에 대한 민경이의 깊은 관심을 공유하고 있으며, 민경이는 일주일에 몇 번씩 지혜와 페이스북에서 정원 가꾸기에 관한 의견을 주고받으면서 많은 즐거움을 얻는다. 가끔 민경이는 페이스북 담벼락에 자신의 정원 사진을 올린다. 민경이는 특히 지혜로부터 받는 칭찬과 긍정적인 피드백에 만족한다. 하지만 민경을 칭찬하는 지혜의 유일한 (민경이에게 알려지지 않은) 동기는 민경이에게 정원 가꾸기의 비법을 공유하도록 격려하는 것이다. 지혜가 제공한 정보는 지혜 자신의 정원에 중대한 긍정적 영향을 끼쳤던 정보였다.

아리스토텔레스의 관점에서 보면 두 사례 간에는 명백한 도덕적 차이가 있다. 정원 가꾸기 시나리오에서 민경이는 지혜와의 관계에 대해 깊이 오해하고 있다. 민경이는 지혜의 칭찬이 진심이라고 생각했기 때문이다. 지혜에 대한 민경이의 친구 사랑은 아무런 도덕적 가치가 없으며, 심지어 민경이에게 해로울지도 모른다. 그 반면 승미에 대한 민경이의 친구 사랑은 정직하고 상호 유익하므로 어느 정도의 가치가 있다.

7. 상호 존중과 정직함

오늘날 온라인 소셜 네트워킹의 편재성이 온라인 상호작용을 통해서만 알 수 있는 친구를 사귀는 현상을 가져왔다. 많은 경우에 물리적 상호작용이 발생하지 않지만, 사람들은 여전히 서로를 친구로 생각한다. 하지만 아리스토텔레스의 관점에서 보면 소셜 미디어를 통한 친구 사랑은 진정한 친구 사랑의 자격이 없다. 소셜 미디어를 통한 친구 사랑은 상호 존중과 정직함의 덕을 담보할 수 없기 때문이다. 친구는 우리가 어떤 유형의 사람이 될지에 영향을 미친다. 우리가 덕이 있는 사람들과 친구가 된다면, 그들은 아마도 우리에게 더 나은 인간이 되도록 추동하면서 긍정적인 방향으로 영향을 줄 것이다. 만약 친구가 악을 행한다면, 우리 자신의 인격도 부패할 위험이 있다. 따라서 우리는 덕을 추구하는 친구 사랑, 즉 진정한 친구 사랑을 위해 노력해야 한다.

제7장

온라인 친구의 존재론적 위상

도덕적이지 않은 사람들의 친구사랑은
서로를 사악하게 한다.
-아리스토텔레스

1. 열등한 친구 형식

아리스토텔레스의 친구 분류에 근거해서 온라인 친구를 존재론적으로 열등한 친구로 간주하는 철학자들이 있다. 이들에 의하면 온라인 친구는 우리의 도덕적 발전을 저해할 수도 있다. 이들은 아리스토텔레스의 '존재 목적에 가장 잘 부합하는 친구' 즉 도덕 친구를 이상적인 친구 형식으로 간주하면서 온라인에서는 도덕 친구를 사귀는 것이 불가능하다고 주장한다. 심지어 이들은 온라인에서도 가능한 유익함의 친구와 즐거움의 친구로 만족한다면, 도덕 친구를 사귀고자 하는 동기조차 부여받을 수 없다고 주장하기도 한다.

다른 한편으로 온라인 친구를 존재론적으로 열등한 친구로 간주하는 철학자들의 견해에 반론을 제기하는 철학자들도 있다. 이들에 의하면 트위터 등의 도래로 우리는 다른 사람들과 깊은 관계를 추구하기보다는 간단한 토막 정보를 통해서 다른 사람의 삶을 훑어보게 되었으며, 토막 정보가 다른 사람의 삶이나 사상에 대하여 더 자세하게 알 수 있는 하나의 방식으로 기능할 가능성도 있다고 한다.

하지만 이들의 이의제기는 아리스토텔레스의 친구 분류의 의도를 제대로 파악하지 못한 데서 비롯된 것으로 보인다. 특히 이들은 아리스토텔레스의 친구 개념에서 가장 중요한 '탁월한 품성'(덕)에 대해서는 전혀 언급하지 않고 있다. 필자도 온라인에서의 친구 사랑이 반드시 사소하거나 저열한 것은 아니라는 점을 인정한다. 온라인에서의 친구 사랑이 활동의 공유, 호혜, 즐거움, 호의(好意)로 가득 찰 수도 있다. 하지만 온라인 친구는 아리스토텔레스가 말하는 최고의 친구 형식 즉 존재 목적에 가장 잘 부합하는 친구에는 미치지 못한다. 친구의 존재 목적에 가장 잘 부합하는 사랑은 탁월한 품성이 중요한 역할을 하는 친구 사랑의 유일한 형식이기 때문이다. 이런 의미에서 온라인 친구는 존재론적으로 열등한 친구 형식임이 분명하다.

2. 분석 틀로서의 친구 사랑 이론

친구 사랑에 관한 한 아리스토텔레스의 설명이 벤치마크 이론인 것은 분명하다. 또 인간의 훌륭한 삶에 관한 한 아리스토텔레스의 친구 이론이 중요한 것도 사실이다. 하지만 아리스토텔레스가 살았던 시대에는 존재하지 않았던 현상 즉 온라인에서의 친구 사랑을 윤리학적으로 진단하기 위하여 아리스토텔레스의 친구 이론이 너무 엄격한 잣대로 사용되고 있다고 불평하는 철학자들이 있다.

이들은 이렇게 말한다. 만약 아리스토텔레스가 우리 시대에 살고 있다면, 아리스토텔레스가 온라인에서 도덕 친구를 형성할 가능성에 반대했을 것이라고 확실하게 말할 수 있는 사람은 아무도 없을 것이다. 가령 친구는 물리적으로 함께 시간을 보내야 한다는 조건이 아리스토텔레스 시대에는 절대적으로 필요했다. 지리적으로 떨어져 있는 두 친구는 서로 토론에 참여할 수도 없고 함께 새로운 것을 경험할 수도 없기 때문이다. 오늘날에는 이것이 가능하다. 인터넷과 다양한 응용시스템이 있기 때문이다. 대부분의 인간 활동이 온라인에서 일어나는 오늘날, 사람들이 인터넷에서 다른 사람들과 관계를 맺고 싶어 하는 것은 자연스러운 귀결이다. 변전 무쌍한 인터넷 환경에는 끊임없이 진화하는 다양한 소통 플랫폼과 소통 방법이 있다. 우리는 다양한 플랫폼과 방법으로 친구에 관한 정보를 더 많이 확보할 수 있다. 실제로 우리는 온라인 친구와 소통하는 방식을 매우 많이 가지고 있다. 그런 교섭이 관련 당사자에게는 매우 인격적이고 심원하고 의미심장할 수도 있다. 왜냐하면 그런 교섭은 동료 의식을 강화하고, 경청의 중요성을 인식하게끔 하고, 지성적인 토론과 자극의 기회를 제공해 주기 때문이다. 친구 사랑에 관한 아리스토텔레스의 이론을 아리스토텔레스가 살았던 시대에는 전혀 생각조차 할 수 없었던 오늘날의 대화와 교섭의 방식에 엄격하게 적용함으로써 온라인 친구를 평가절하하는 것은 온라인에서의 친구 사랑을 지나치게 홀대하는 것이며 기술이 인간관계와 인간의 행복에 도움이 된다는 사실을 다소 부정적인 시각으로 보려는 경향성을 띤다. 온라인 친구의 긍정적인 측면과 유익함에 더 큰 관심을 가질 필요가 있다.

흥미롭게도 온라인 친구를 윤리학적으로 긍정적 시각에서 진단하기 위하여 아리스토텔레스의 친구 이론을 사용한 철학자들도 있다. 이들은 이렇게 주장한다. 소셜 미디어가 실제로 온라인에서 도덕 친구로 발전하는 것을 쉽게 할 수도 있다. 또한 소셜 미디어는 유희, 생각과 추리의 교환 등과 같은 인간의 중요한 가치를 보존한다. 우리는 소셜 미디어가 진정한 친구 사랑을 위협한다고 생각하기보다는 품성 친구의 특징인 삶의 공유라는 맥락을 고려하면서 선(善)을 조성하는 데 소셜 미디어를 어떻게 이용할 것인지를 고민해야 한다.

이처럼 온라인에서는 도덕 친구가 성취될 수 없다는 것을 논증하기 위하여 아리스토텔레스의 친구 이론을 분석 틀로 이용한 철학자도 있고, 정반대로 온라인에서도 도덕 친구가 성취될 수 있다는 것을 입증하기 위하여 아리스토텔레스의 친구 이론을 분석 틀로 이용한 철학자도 있다. 오프라인 세계에서와 마찬가지로 온라인에서도 도덕 친구가 생기는 일은 매우 희소하겠지만, 그 가능성은 열려 있다는 것이다.

온라인 친구를 윤리학적으로 진단하는 데 있어서 아리스토텔레스의 친구 이론이 너무 엄격한 잣대라는 이의제기에 필자도 동의한다. 하지만 친구 사랑에 관한 아리스토텔레스의 논의가 현대세계와 논리적으로 관련되어 있을 뿐만 아니라, 현대세계에 잘 적용될 수 있음을 주목할 필요가 있다. 고대 그리스의 도시국가를 모델로 하는 아리스토텔레스의 친구 사랑 개념에는 필연적으로 품성의 유사함, 활동의 유사함, 감정의 유사함, 심지어 부(富)와 성별의 유사함이 포함될 수밖에 없었다. 하지만 현대의 사회조직에서는 동질성 혹은 동종성은 거의 사라졌다. 그래서 현대인들에게 친구 사랑이라는 용어는 고대 그리스인들이 이 용어에 대해서 가졌던 이미지와는 전혀 다른 이미지로 다가온다. 오늘날에는 대중적인 소셜 네트워킹 사이트인 페이스북에서 '친구 요청'을 하면 쉽게 친구를 얻을 수 있다. 페이스북에서는 웹 페이지 상의 개인 이름 뒤에 수치가 나타난다. 이 수치는 어떤 사람이 획득한 친구의 총 숫자를 가리킨다. 친구를 생산해 낸다고 주장하는 이런 유형의 네트워킹이 아리스토텔레스에게는 생각만 해도 끔찍한 존재였을 것이다. 『에우데모스 윤리학』에서 아리스토텔레스는 많은 친구를 확보하고자 애쓰는 사람들을 비난하면서 친구가 많은 사람은 친구가 전혀 없는 사람과 다름없다고 말하고 있다. 또 아리스토텔레스는 그 누군가가 우리의 친구라고 주장하기 전에 그 사람이 진정한 친구인지를 시험할 필요가 있다고 말하기도 한다.

이런 아리스토텔레스를 유심히 살펴보고 있노라면 친구 사랑에 관한 아리스토텔레스의 철학에는 현대사회가 본받아야 할 점이 많음을 알 수 있다. 아리스토텔레스의 눈을 통하여 오늘날의 이슈들을 자세히 살펴보면 대수롭지 않게 여겨질 수도 있는 친구 사랑과 아리스토텔레스가 내린 결론 즉 '친구 없이는 행복하게 살 수 없다.'라는 명제의 의미가 재고되지 않을 수 없게 된다. 표면적으로는 시대에 뒤떨어진 것처럼 보이지만 친구 사랑에 관한 아리스토텔레스의 철학은 여러 가지 점에서 시대를 초월한다.

3. 아리스토텔레스와 현대

아리스토텔레스는 대체로 합리적으로 친구 사랑을 설명하고 있다. 하지만 서로 어울려 사는 것만큼 친구 사랑을 특징짓는 것은 아무것도 없다거나 함께 사는 것이야말로 친구 사랑의 가장 확실한 징표라는 아리스토텔레스의 주장에는 합리성이 없어 보인다. 왜냐하면 과학기술이 발달한 오늘날의 사회에서는 함께 살아야 한다는 조건이 친구 사랑을 위한 필수 조건은 아니기 때문이다. 하지만 아리스토텔레스에 의하면 친구 사랑을 나누는 사람들이 자고 있거나 지리적으로 서로 떨어져 있을 적에는 친구 사랑의 활동이 없다. 이것은 중요하다. 왜냐하면 친구를 사랑한다는 것은 삶이기 때문이다. 서로 떨어져 있는 경우가 빈번하지 않아야 친구 사랑이 유지될 수 있다.

온라인 친구와 아리스토텔레스의 친구 사랑의 철학

친구의 부재가 길어지면 친근한 느낌 그 자체가 잊히는 것
은 분명하다. 그래서 눈에 보이지 않으면 곧 잊힌다는 격언도
있는 것이다. (NE 8.5)

오늘날 대다수 사람은 아무런 거리낌 없이 가장 좋은 친구와
오랫동안 멀리 떨어져서 살 수 있다고 생각한다. 그러한 생각의
근거는 오늘날 누구나 원할 때는 언제나 컴퓨터에 접속해서 친구
를 만날 수 있다는 데 있다. 그래서 우리는 오늘날 아무리 멀리 떨
어져 있더라도 친구를 망각할 것 같지 않다고 생각한다. 아리스토
텔레스가 요구한 조건, 즉 친구는 함께 살아야 한다는 조건이 고
루하게 보이게 되는 지점이다. 친구는 함께 살아야 한다는 아리스
토텔레스의 조건은 다음과 같이 진술하는 아리스토텔레스를 보
면 더욱 친구 사랑과 무관한 것처럼 보인다.

에로스적으로 사랑하는 사람들은 서로 보는 것을 가장 갈
구한다. 그들은 다른 여타의 감각보다 시각을 더 좋아한다. 에
로스적 사랑이 다른 여타의 감각보다 시각에 의해서 더 많이 발
생하듯이 필로스적 사랑에서는 삶의 공유가 가장 선택할만한
것이다. (NE 9.12)

스카이프의 등장으로 오늘날 우리는 친구의 관심을 끌기 위하
여 시각과 소리를 동시에 사용할 수 있다. 따라서 함께 살아야 한

다는 아리스토텔레스의 요구는 다시 한번 시대에 뒤떨어진 것으로 보인다. 더 나아가 다음과 같은 아리스토텔레스의 말은 이러한 사실을 더욱 강화하는 것처럼 보인다.

> 친구에게 친구의 존재가 무슨 의미를 갖든, 혹은 친구와 자기의 삶을 바람직하게 하는 것이 무엇이든, 친구는 그 의미와 목적을 친구와 함께 추구하기를 바란다. 그런 까닭에 어떤 친구들은 함께 술을 마시고 또 어떤 친구들은 함께 주사위 놀이하며, 또 다른 어떤 친구들은 함께 운동하고 사냥하고 함께 공부(철학)한다. 그들이 각자 삶에서 가장 사랑하는 것이 무엇이든 그들은 그러한 활동을 함께 하면서 시간을 보낸다. (NE 9.12)

여기에서 아리스토텔레스가 언급하고 있는 활동들은 온라인 상에서도 가상적으로 공유될 수 있다. 따라서 함께 살아야 한다는 조건이 한때는 참이었지만, 이제는 더 이상 필요하지 않다는 사실을 아리스토텔레스가 어쩔 수 없이 받아들여야 하는 것처럼 보인다.

하지만 아리스토텔레스의 명제는 오늘날에도 여전히 참이다. 왜냐하면 방금 묘사했던 활동들은 주로 유익함의 친구 사랑이나 즐거움의 친구 사랑에 적용되기 때문이다. 아리스토텔레스가 살던 시대에는 물리적으로 함께 하지 않을 적에 친구에게서 기쁨과 유익함을 얻기란 불가능했다. 이것은 더 이상 참이 아니다. 하지

온라인 친구와 아리스토텔레스의 친구 사랑의 철학

만 진정한 친구는 서로에게 즐거움과 유익함도 제공하지만, 서로에게서 유익함과 즐거움보다 더 많은 것을 얻는다.

제8장

아리스토텔레스의
친구 사랑 개념 요약

1. 친구사랑의 존재론적 의미

존재론적 관점에서 보면 친구 사랑이라는 속성은 그것을 담고 있는 실체인 친구의 존재근거가 된다. 친구 사랑이란 친구로부터 얻을 수 있는 그 무엇 때문에 친구를 사랑하는 것이다. 우리는 친구로부터 유익함을 얻을 수도 있고 즐거움을 얻을 수도 있고 유덕함을 얻을 수도 있다. 유익함이나 즐거움을 기반으로 형성되는 친구 사랑은 지속적일 수 없다. 유익함이나 즐거움이 사라지는 순간 친구 사랑도 해체되기 때문이다. 그 반면에 유덕함에 기반을 두는 친구 사랑은 지속적일 가능성이 크다. 덕은 쉽게 변하지 않기 때문이다. 유덕함에 기반을 둔다는 말은, 덕이 친구 사랑 형성의 전제조건이라는 뜻이 아니라 덕이 있는 사람 또는 적어도 성실하게 덕을 추구하는 사람들 사이에서만 형성되는 친구 사랑의 토대가 바로 덕에 대한 사랑 또는 덕 있는 사람에 대한 사랑임을 의미한다.

2. 친구 사랑의 인식론적 의미

인식론적 관점에서 보면 친구 사랑은 세계에서 내가 있어야 할 장소는 어디이며, 세계 안에서 나의 적절한 역할은 무엇이며, 그 역할을 위해 내가 습득한 능력과 결여하고 있는 능력은 무엇인지를 이해할 수 있게 해 준다. 도덕 친구는 나의 덕과 나의 고귀한 업적을 비추는 제2의 자아로서 기능하기 때문이다. 이런 의미에서 도덕 친구를 통해서만 순수하게 나를 이해할 수 있으며, 도덕 친구는 우리가 성취하는 사유와 행동의 훌륭함과 고귀함을 비추는 거울이 될 수 있다. 친구 사랑은 우리가 상대방에게 어떻게 보일지를 상상하게 함으로써 우리 자신을 더 잘 인식하게 할 수 있다. 상대방이라는 외적 표준이 우리를 자기중심적인 생각에서 벗어나게 하기 때문이다.

3. 친구 사랑의 윤리학적 의미

윤리학적 관점에서 보면 친구를 사랑하는 일은, 잘 사는 데 있어서 없어서는 안 될 삶의 부분이다. 친구 사랑은 덕에 대한 사랑 또는 덕 있는 사람에 대한 사랑임과 동시에 그 자체가 또 하나의 덕이다. 덕 있는 사람을 존경하고 사랑할 수 있는 품성 능력이 바로 친구 사랑이기 때문이다. 아리스토텔레스가 말하고 있듯이, 다른 모든 좋은 것을 가졌다 하더라도 친구가 없는 삶은 그 누구도 선택하지 않을 것이다. 분명히 인간은 친구 없이도 살 수 있다. 하지만 사랑할 도덕 친구가 없는 한, 우리는 훌륭한 삶을 살 수 없다. 아리스토텔레스에게 있어서 '훌륭한 삶'이란 어떤 사람의 삶에 보탤 것이 거의 없거나 전혀 없는 자족적인 삶을 의미한다. 도덕 친구가 있어야 자족적인 삶을 살 수 있다.

필리아의 철학적 의미		
존재론적 의미	친구의 존재근거	행동 선택의 자유가 없으면 도덕이 존재할 수 없듯이 사랑(필리아)이 없으면 친구가 존재할 수 없다
인식론적 의미	자기 이해	사랑하는 친구가 없으면 내가 어떤 사람인지를 알기 어렵다
윤리학적 의미	잘 삶의 필수 구성요소	사랑하는 친구가 없으면 행복하게 살 수 없다

1. 기원전 5세기부터 기원후 5세기까지 친구 사랑 개념의 변천사

기독교의 카리타스 사랑에 흡수됨으로써 오늘날 상당히 축소된 '필리아 사랑'(친구 사랑)의 역할을 고려했을 때, 고대 세계에서 어떻게 해서 친구 사랑이 중심적인 개념이 되었는지를 주목할 필요가 있다. BC 5세기경의 고대 그리스 시대부터 476년 로마제국이 멸망하기까지 약 1,000년 동안 친구 사랑은 좋은 삶의 시금석이었지만 친구 사랑의 중요성과 의미는 보편적이지 않았다. 친구 사랑의 중요성은 그것이 작동하는 역사 유물론적인 맥락의 산물이었기 때문이다.

아리스토텔레스가 친구 사랑에 대한 가장 상세하고 포괄적인 설명을 우리에게 제공하고 있지만, 아리스토텔레스의 초점은 소크라테스와 플라톤에 의해서 촉발된 주제에 맞춰져 있었다. 소크라테스는 젊은 시절 아테네의 번영과 평화를 눈으로 직접 보면서 살았다. 이 시기는 페르시아 전쟁이 끝난 이후였고 펠레폰네소스 전쟁이 발발하기 전이었다. 아테네 민주주의의 번영, 각 방면에 있어서 신속하고 획기적인 문화의 발전, 비교적 작고 문화적으로 균질한 아테네의 구성, 이 모든 사실이 낙관적이고 우호적인 품성을 장려하는 데 도움이 되었을 것이다. 하지만 소크라테스는 노년에 전쟁의 시대를 경험하게 된다. 그의 생이 끝날 무렵 정치권에서는 친구를 중요하게 여기지 않는 사람들이 증가하기 시작하였다. 델로스 동맹에 대한 아테네의 배신, 펠로폰네소스 전쟁으로 말미암은 파괴, 동료들에 의한 악명 높은 재판은 당연히 소크라테스에게 친구 사랑을 보존할 가치가 있는 것으로 간주하게 했을 것이다. 소크라테스를 친구로 대하지 않는 아테네인들의 집단적 잘못을 목격한 플라톤은 친구 사랑에 대한 소크라테스의 낙관적인 이해를 문제 삼았다.

아리스토텔레스의 친구 사랑 이론은 플라톤이 제기한 문제를 해결하는 과제와 함께 시작한다. 소크라테스와 아리스토텔레스는 친구 사랑을 개인적 선(善)임과 동시에 폴리스(도시국가)의 선으로 이해했다. 당시의 역사적 물질적 조건이 이런 생각을 가능하게 했다. 아리스토텔레스가 친구 사랑에 관해 낙관적인 견해를 소크라테스와 공유하는 것처럼 보이지만, 플라톤의 반론은 친구 사랑의 자명한 가치에 대한 어떤 호소도 통하지 않게 했으며 친구 사랑의 가능성조차도 없애고 말았다. 아리스토텔레스가 소크라테스와 플라톤이 자신에게 남긴 고전 시대 문제를 풀고 있을 때조차도 지상에서의 사건들은 친구 사랑에 대한 새로운 이론적 이해가 곧 시작될 방향으로 변화하고 있었다. 알렉산더 대왕의 제국

확장과 헬레니즘 시대의 제국주의적 팽창은 고대 시민사회의 문화적 지리적 기반을 전반적으로 변형시켰다. 기지의 세계를 정복하려는 욕망은 이질적인 문화와 민족을 군사력으로 구축한 하나의 영역 안으로 끌어들임으로써 폴리스 공동체의 경계를 허물었다. 제국주의적 정치는 아리스토텔레스와 소크라테스가 시민사회의 접착제로 보았던 시민적 친구 사랑의 개념에 의지할 수 없었다. 팽창한 제국에는 문화적 동질성과 선의(善意)가 사라졌으며, 인구도 고전 시대 폴리스와 같은 소규모가 아니었다.

하지만 역사적 물질적 조건의 변화에도 불구하고 헬레니즘-로마 시대까지 친구 사랑은 가치 있는 덕목으로 이해되었다. 덕 있는 생활을 함양할 적에 친밀한 타인의 역할이 중요하다는 소크라테스와 아리스토텔레스의 유산이 상속되었기 때문에 친구 사랑은 여전히 특권을 유지할 수 있었다.『니코마코스 윤리학』제9권과 제10권에서 아리스토텔레스는 친구 사랑이 자족성과 양립할 수 있다고 논증한다. 아리스토텔레스는 자족적인 삶의 중요성을 인식하고 있었지만, 신체와 혼 밖의 다른 선과 대체할 수 없는 인간관계의 중요성을 강조했다. 외적이고 조건적인 선들에 내재하는 위험에도 불구하고 행복하게 살아가려면 친구가 있어야 한다는 것이 아리스토텔레스의 생각이었다.

아리스토텔레스는『니코마코스 윤리학』제10권에서 자족성을 '보탤 것을 아무것도 결여하고 있지 않음'이라고 정의하고 있다. 또한 아리스토텔레스는『니코마코스 윤리학』제3권에서 자족적인 학문에 대해서 말하고 있는데, 자족적인 학문이란 그 학문의 영역에서 제기될 수 있는 모든 물음에 대한 답을 가지고 있는 학문을 의미한다. 에피쿠로스학파의 사람들과 스토아학파의 사람들은 『니코마코스 윤리학』 제10권에 나오는 아리스토텔레스의 자족성 개념에 상당 부분 의존하고 있지만, 자족성에 대한 그들 각각의 해석은 다시금 안정성이 없는 삶에 대한 우려가 없도록 하는 일에 열중하고 있음을 보여준다. 그들은 주로 가능한 한 행운과 불운의 흥망성쇠(여기에는 변덕스럽고 끊임없이 변화하는 정치적 상황도 포함된다)로부터 구애받지 않는 삶에 관심이 있었다. 정체불명 정치인들의 증가 및 광대한 제국의 그늘에 사는 사람들의 정치적 무관심이, 문화적 유사성이 시민적 삶의 특징이라고 생각하지 않는 새로운 친구 사랑의 개념을 요구했다.

그래서 에피쿠로스학파의 사람들과 스토아학파의 사람들은 아리스토텔레스의 자족성 개념을 개인적 삶의 목표로 그리고 비정치적 삶의 목표로 해석했다. 그들은 시민적 친구 사랑의 형식을 통하여 정치적으로 인정받기를 열망하기보다는 실천적으로 지혜로운 자기 수양의 개인적 삶의 철학에 의지하였다. 자족성에 대한 아리스토텔레스와 로마인들의 이해 차이가 친구 사랑 개념에 대한 이해의 근본적인 차이를 가져온다. 아리스토텔레스는 개인의 도덕적 발달 및 잘 사는 데 있어서의 친구 사랑의 역할뿐만 아니라 시민들을 하나로 묶는 친구 사랑의 정치적 잠재력에 초점을 맞췄다. 입헌 민주주의의 지지자로서 아리스토텔레스는 정치적

파벌들이 공동체를 불안정하게 한다는 것을 알고 있었다. 다른 한 편으로 로마인들은 정치의 근본적인 덕목으로서의 친구 사랑을 거의 인정하지 않고, 주로 친구 사랑이 개인적 번영과 성취로 이어지는 방식에 초점을 맞췄다. 로마인들의 설명에는 친구 사랑에 대한 정치적 관점이 전적으로 배제되어 있지만, 로마인들이 친구 사랑을 정치적으로 이해할 적에도 그 이해는 주로 도구적 관심사와 관련이 있었다. 특히 그들은 위태로운 정치 풍토에서 친구 사랑이 동맹 형성의 역할을 하는 것으로 보았다.

2. 아리스토텔레스의 혼 개념

◆ 질문 : 왜 인간인가?
◆ 아리스토텔레스의 답변 : 인간에게는 이성을 가진 혼(그리스어 프쉬케) 부분이 있기 때문이다.

◆ 현실 세계에서 신체와 혼은 하나이다. 즉 현실 세계에서 신체와 혼은 분리될 수 없다.
◆ 논리적 차원에서 신체와 혼을 분리해서 사유할 뿐이다.
◆ 따라서 신체 활동은 곧 혼의 활동이다.
◆ 신체가 있어야 혼이 기능(생명, 감정/감각, 생각)을 발휘할 수 있다.

◆ 신체에는 생명이 없다.

◆ 혼과 하나일 때만 신체는 생명을 소유할 수 있다.

◆ 혼은 생명 원리이다. 신체를 살아 있게 하는 것은 혼이기 때문이다.

◆ 인간의 혼에는 세 부분이 있다.

혼	범주	기능	비고
이성(理性) 부분 인혼(人魂)	인간	이론적 진리 인식(識) 실천적 진리 인식(識)	이성을 가지고 있는 부분
감성적 부분 욕성(欲性) 부분 각혼(覺魂)	동물	의지(意) 욕구(慾) 감각(覺) 감정(情) 운동(動)	이성이 없는 부분이지만 인간의 경우 이성을 따를 수 있는 부분이라는 의미에서 부분적으로 이성을 가지고 있음
영양 섭취 부분 식성(植性) 부분 생혼(生魂)	식물	생명(生) 번식(植)	이성이 없는 부분

▶ 영양 섭취 혼 (생혼) : 살아 있는 모든 것은 영양 섭취 기능을 가지고 있다. 영양 섭취 혼은 생장을 향하여 나아가도록 하는 힘이다.

▶ 감각 혼 (각혼) : 동물과 인간만 감각 혼을 가지고 있다. 감각 혼은 감각하고 감정을 가질 수 있는 능력이다.

▶ 이성 혼 (인혼) : 인간만 가지고 있는 이성 혼은 생각하고 추론하고 추상적 지식을 획득할 수 있는 능력이다. 인간만이 논리적이고 창조적이고 창의적이다.

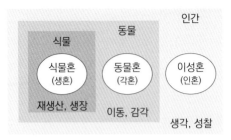

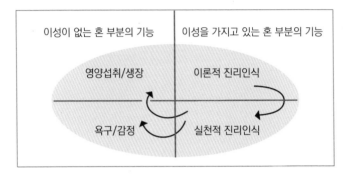

◆ 혼의 세 부분을 좀 더 자세하게 설명하면 다음과 같다.

▸ 식성(식물적) 부분 : 식생(영양 섭취, 생장)을 담당하는 부분. 인간
은 이 부분을 식물과 공유한다.

▸ 욕성(욕구, 욕망) 부분 : 생기(이동, 감각, 욕구/욕망, 정념/감정)를 담
당하는 부분. 인간은 이 부분을 동물과 공유한다. 인간의 경우
에 욕성 부분은 이성으로 통제할 수 있는데, 이것은 욕성 부분
안에 이성의 전초기지가 있음을 의미한다. '전초기지'는 아리스

온라인 친구와 아리스토텔레스의 친구 사랑의 철학

토텔레스의 용어가 아니라, 인간 혼의 욕성 부분 안에서 상황 (정념, 욕구, 기억 등)에 따라 장소를 이동하는 이성적 요소를 필자가 비유적으로 표현한 말이다. 인간만 이성이 없는 욕성 혼 부분 안에 이성의 전초기지를 가지고 있다. 욕성 부분 안에 있는 이성적 요소는 정념과 욕구를 조절하고 규제하고 통제할 수 있다. 욕구나 정념이 이성적 요소에 의해 조절되고 규제되고 통제될 때 욕성 부분에 '품성의 덕'(그리스어 에티케 아레테)이 존재하게 된다.

▶ 이성 부분 : 생각을 담당하는 부분. 두 개의 하위 부분이 있다.

• 학문적/이론적 부분 : 변치 않는 사실에 관하여 이성적으로 추리하는 부분 혹은 사물이 존재하는 이유에 관하여 이성적으로 추리하는 부분. 이 부분의 덕이 바로 '관조적 지성의 덕'(그리스어 소피아)이다.

• 타산적(계산적)/숙고적 부분 : 무엇을 해야 할지에 관하여 이성적으로 추리하는 부분. 이 부분의 덕이 바로 '실천적 지성의 덕'(그리스어 프로네시스)이다.

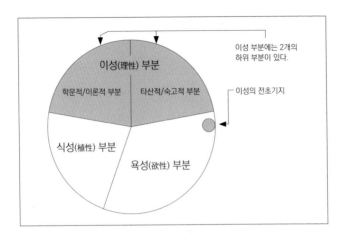

이성 부분에는 2개의
하위 부분이 있다.

이성(理性) 부분

학문적/이론적 부분   타산적/숙고적 부분

이성의 전초기지

식성(植性) 부분

욕성(欲性) 부분

◆ 아리스토텔레스의 혼 개념은 어떤 종교적 전통과도 관련이 없다.

◆ 아리스토텔레스의 혼 개념은 현실 세계의 논리적 구조를 이해
하기 위한 철학적 개념일 뿐이다.

◆ 플라톤은 혼이 신체와 분리된 후에도 즉 인간이 죽은 후에도
계속해서 존재한다고 생각했다. 하지만 플라톤과는 달리 아리
스토텔레스는 신체 없이 혼이 존재할 수 없으며 혼 없이는 신
체가 존재할 수 없다고 생각했다.

◆ 데카르트는 혼(데카르트의 용어로는 정신)이 신체에 의존하지 않고
자립적으로 존재하는 실체라고 생각했다. 하지만 데카르트와
는 달리 아리스토텔레스는 혼이 종류가 다른 실체인 신체 안에
있는 별개의 실체라고 생각하지 않았다. 아리스토텔레스에 의

온라인 친구와 아리스토텔레스의 친구 사랑의 철학

하면 혼은 능력이지, 능력을 지닌 사물이 아니다. 따라서 혼은 개인의 정체성이나 개성과는 아무런 관련이 없다.

◆ 아라비아 출신의 중세 철학자인 아비첸나(980-1037)와 아베로에스(1126-1198)는 아리스토텔레스(BC 384-322)의 혼 구분과 혼 능력에 관한 설명을 받아들였다고 한다. 아베로에스는 아리스토텔레스의 저작들을 아라비아어로 번역하고 주석하였는데 누군가에 의해서 이 번역서가 다시 라틴어로 번역되면서 유명하게 되었다고 한다. 라틴어에는 철학자를 가리키는 단어 필로소푸스(philosophus)와 주석가를 가리키는 단어 콤멘타토르(commentator)가 있다. 토마스 아퀴나스(1224-1274)는 이 단어들의 첫 글자를 대문자로 표기하여 Philosophus는 아리스토텔레스를 지칭하기 위하여 사용하였고 Commentator는 아베로에스를 지칭하기 위하여 사용했다. 토마스 아퀴나스가 아리스토텔레스와 아베로에스를 얼마나 많이 존경했는지를 짐작할 수 있는 대목이다.

참고문헌

The Cambridge Companion to Aristotle, edited by Jonathan Barnes, Cambridge University Press, Cambridge 1995.

The Loeb Classical Library editions of the Works of Aristotle, Greek text with English translation, Harvard University Press, Cambridge 1926-1960.

Annas, J., "Plato and Aristotle on Friendship and Altruism", *Mind*, 86: 532-54, 1977.

Annas, J., "Self-Love in Aristotle", *Southern Journal of Philosophy* (Supplement), 7: 1-18, 1988.

Annis, D. B., "The Meaning, Value, and Duties of Friendship", *American Philosophical Quarterly*, 24: 349-56, 1987.

Baym, N. K., *Personal connections in the digital age*, Cambridge, UK: Polity Press, 2010.

Becker, L. *Reciprocity*. London: Routledge & Kegan Paul, 1986.

Briggle, A. "Real friends: How the Internet can foster friendship", *Ethics and Information Technology*, 10(1), 71-79, 2008.

Cocking Dean & Kennett J., "Friendship and the Self". *Ethics* 108(3): 502-527, View Article, 1998.

Cocking, D., Van Den Hoven, J., & Timmermans, J., "Introduction: One thousand friends", *Ethics and Information Technology*, Volume 14, 2012.

Cocking, Dean & Kennett, J., "Friendship and Moral Danger", *Journal of Philosophy*, 97: 278-96, 2000.

Cocking, Dean and Steve Matthews. "Unreal Friends". *Ethics and Information Technology*, 2(4): 223-231, 2001.

Cooper, J. M., "Aristotle on friendship". In A. O. Rorty (Ed.), *Essays on Aristotle's ethics*. Berkeley: University of California Press, 1977.

Cooper, J. M., "Aristotle on the Forms of Friendship", *Review of Metaphysics*, 30: 619-48, 1977.

Cooper, J. M., "Friendship and the Good in Aristotle", *Philosophical Review*, 86: 290-315, 1977.

Elder, A. "Why bad people can't be good friends", *Ratio*, 27(1), 84-99, 2014.

Elder, A., "Excellent online friendships: an Aristotelian defense of social media", *Ethics and Information Technology*, volume 16, 287-297, 2014..

Elizabeth, Telfer. "Friendship", *Proceedings of the Aristotelian Society*, 223-241, 1971.

Ellison, N. B., Steinfeld, C., & Lampe, C., "The benefits of Facebook 'friends': Social capital and college students' use of online social network sites", *Journal of Computer-Mediated Communication*, 12(4), article 1, 2007.

Fortenbaugh, W. W., "Aristotle's analysis of friendship: Function and analogy, resemblance, and focal meaning", *Phronesis*, 20(1), 51-62, 1975.

Friedman, M. A., 1989, "Friendship and Moral Growth", *Journal of Value Inquiry*, 23: 3-13.

Fröding, B., & Peterson, M., "Why virtual friendship is no genuine friendship", *Ethics and Information Technology*, 14(3), 201-207, 2012.

Jeske, D., "Friendship, Virtue, and Impartiality", *Philosophy & Phenomenological Research*, 57: 51-72, 1997.

Kaliarnta, S., "Using Aristotle's theory of friendship to classify online friendships: a critical counterview", *Ethics and Information Technology*, Volume 16, 2018.

Kosman, A., "Aristotle on the desirability of friends", *Ancient Philosophy* 24, 2004.

Kraut, R., *Aristotle on the Human Good*, Princeton University Press, Princeton 1989.

Liddell, H. G. and Scott, R., *Greek-English Lexicon*, Clarendon Press, Oxford, 1968.

McFall, Michael T., "Real character-friends: Aristotelian friendship, living together, and technology", *Ethics and Information Technology* 14(3), 221-230, 2012.

Millgram, E., "Aristotle on Making Other Selves", *Canadian Journal of Philosophy*, 17: 361-76, 1987.

Munn, N. J., "The reality of friendship within immersive virtual worlds", *Ethics and Information Technology*, 14(1), 1-10, 2012.

Nussbaum, M. C., *The Fragility of Goodness*, Cambridge, Cambridge University Press, 1986.

Pakaluk Michael, *Other Selves: Philosophers on Friendship*. Indianapolis, IN:

Hackett, 1991.

Pakaluk, Michael, (Ed.), *Nicomachean ethics, books VIII and IX*, Oxford, England: Oxford University Press, 1998.

Pangle, Lorraine Smith, *Aristotle and the Philosophy of Friendship*. Cambridge: Cambridge University Press, 2003.

Preston, S. D., & de Waal, F. B. M., "Empathy: Its ultimate and proximate bases", *Behavioral and Brain Sciences*, 25(1), 1-20, 2001.

Price, A. W., *Love and Friendship in Plato and Aristotle*, Oxford University Press, Oxford 1987.

Sharp, R., "The obstacles against reaching the highest level of Aristotelian friendship online", *Ethics and Information Technology*, 14, 2012.

Sherman, N., "Aristotle on Friendship and the Shared Life", *Philosophy and Phenomenological Research*, Vol. 47, No. 4, 589-613, 1987.

Sherman, N., *The fabric of character: Aristotle's theory of virtue*, Oxford: Oxford University Press, 1989.

Søraker, J. H., "How shall I compare thee? Comparing the prudential value of actual virtual friendship", *Ethics and Information Technology*, 14(3), 209-219, 2012.

Steijn, W. M. P., & Schouten, A. P. "Information sharing and relationships on social networking sites", *Cyberpsychology, Behavior and Social Networking*, Volume 16(8), 2013.

Stern-Gillet, S., *Aristotle's Philosophy of Friendship*, SUNY Press, Albany 1995.

Thomas, L., "Friendship", *Synthese*, 72(198), 217-236, 1987.

Vallor, S., "Flourishing on facebook: Virtue friendship and new social media", *Ethics and Information Technology*, 14(3), 185-199, 2012.

Vallor, S., "Social networking technology and the virtues", *Ethics and Information Technology*, 12(2), 157-170, 2010.

Vernon Mark, *The Philosophy of Friendship*, New York: Palgrave Macmillan, 2005.

Wallace, P., *The psychology of the internet*. Cambridge: Cambridge University Press, 1999.

아리스토텔레스, 『니코마코스 윤리학』, 이창우·김재홍·강상진 역, 이제이북스, 서울, 2006.

경북대학교 인문교양총서